Cuisinez comme
un grand chef

Paru dans **Le Livre de Poche** :

Le Meilleur et le plus simple de la France
Le Meilleur et le plus simple de la pomme de terre
Le Meilleur et le plus simple de Pobuchon
Cuisinez comme un grand chef (Tomes 1 et 3)

Joël Robuchon

Cuisinez comme un grand chef

Tome 2

proposé par Joël Robuchon
et Guy Job

TF1
EDITIONS

Cuisinez comme un grand chef est une émission quotidienne centrée d'abord sur les produits, élément déterminant de toute bonne cuisine. J'ai tenu aussi à suivre le rythme des saisons et à inviter à mes côtés mes amis les grands cuisiniers pour leur permettre de nous faire découvrir leurs meilleures recettes, le plus souvent simples et économiques.

Après une deuxième année d'émissions, je suis heureux de vous proposer le deuxième volume de *Cuisinez comme un grand chef*. Vous êtes tous les jours deux millions et demi à regarder l'émission, ce qui représente quarante pour cent d'audience. Je dois dire que j'en suis particulièrement fier et que cela me donne un formidable encouragement à poursuivre le travail que j'ai entrepris.

Je dois remercier les chefs qui, à mes côtés, recherchent pour vous des recettes originales, faciles et peu onéreuses.

Les tours de main que j'y ajoute doivent vous permettre de les réussir sans souci.

J'espère que vous aimerez ce livre comme nous avons aimé, avec Guy Job, réaliser ces émissions pour vous.

Il ne me reste plus qu'à vous souhaiter de nouveau :

« Bon appétit, bien sûr ! »

Joël Robuchon

Sommaire

Jean Coussau

« Relais de la Poste »
(Magescq, Landes)

La cuisine des Coussau, à Magescq, est une des plus authentiques de France. Dans cette belle maison, au cœur de la forêt landaise, on a le culte de la tradition et un art d'orfèvre pour raffiner la cuisson sans rien altérer du goût originel des produits utilisés. Brouillade aux truffes, sole aux cèpes, lamproie aux poireaux, confits pommes cocotte à la graisse d'oie, cette gastronomie généreuse sait aussi ciseler le détail. Jean, le fils, était tout indiqué, cette semaine, pour préparer avec moi les haricots verts.

Les haricots verts

• Légume d'été, le frais haricot vert est irrésistible dans sa robe élégante et tendrement veloutée. Celui de nos jardins potagers est supérieur aux variétés importées des pays chauds. Pour faire ressortir toutes les qualités gustatives et la remarquable finesse de sa chair, le haricot vert exige d'être très frais. Un test fraîcheur incontestable : le haricot vert doit casser net quand on le plie.

• Choisissez-les bien fins, tous du même calibre, d'aspect appétissant. S'ils sont un rien flétris, laissez-les tremper dans de l'eau pendant environ 1 heure, ils reprendront de la fermeté.

• Épluchez-les avec soin en ôtant les extrémités et les fils éventuels, rincez-les. Il ne reste plus qu'à les faire cuire.

▶ Le tour de main de Robuchon

Pour bien cuire les haricots verts, mettez une grande quantité d'eau à bouillir : plus il y aura d'eau, meilleurs ils seront. Évitez d'utiliser un récipient en aluminium : cela les ferait noircir. Pour leur conserver une belle couleur verte, salez beaucoup l'eau de cuisson : pour 100 g de haricots verts, comptez 1 litre d'eau et 12 g de gros sel. Salez au moment où l'eau bout car le sel active le bouillonnement. Plongez les haricots au moment où l'eau bout, enfoncez-les bien dans l'eau, remuez-les et, surtout, maintenez l'ébullition. Laissez cuire à découvert, sans quoi ils noirciraient. Le temps de cuisson est fonction du calibre du légume ; le mieux est de les goûter : ils doivent rester fermes sans excès. Dès qu'ils sont cuits, sortez-les de l'eau et plongez-les dans de l'eau glacée, de façon à les refroidir le plus vite possible et stopper la cuisson. Ne les passez pas sous l'eau du robinet, cela les dénaturerait, ou n'ajoutez pas d'eau froide dans la casserole, cela ne suffirait pas à stopper la cuisson. Ne les laissez pas tremper non plus sans quoi ils se gorgent d'eau et perdent leur goût.

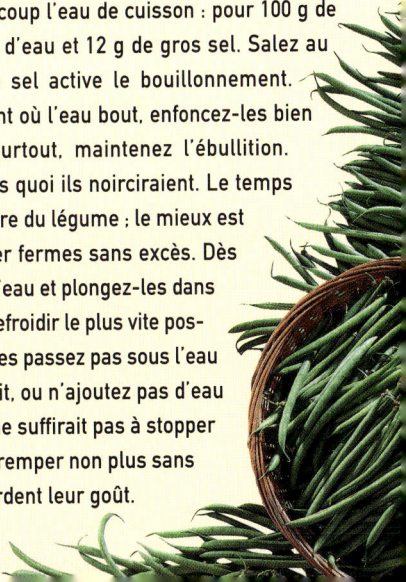

Haricots verts et légumes

Pour 4 personnes

300 g de haricots verts • 100 g de petits pois écossés • 100 g de fèves écossées • 5 cl d'huile d'olive • 2 tomates • 100 g de jambon de Bayonne • 3 à 4 cuil. à soupe de bouillon de volaille • sel et poivre • gros sel

① Remplissez 2 casseroles d'eau, salez-les à raison de 12 à 15 g de sel par litre d'eau. Plongez les petits pois dans l'une des casseroles, comptez 3 à 4 minutes de cuisson à partir de l'ébullition, puis rafraîchissez-les dans de l'eau glacée, égouttez-les dès qu'ils sont bien froids. Plongez les fèves dans la seconde casserole d'eau, faites-les cuire à peine 1 minute à partir de l'ébullition, puis rafraîchissez-les dans de l'eau glacée, dès qu'elles sont bien froides, égouttez-les et pelez-les.

② Lavez, équeutez et effilez les haricots verts. Portez une grande quantité d'eau à ébullition, salez-la au gros sel et plongez-y les haricots verts, faites-les cuire à découvert et à ébullition jusqu'à ce qu'ils soient « al dente ». Plongez-les dans l'eau glacée et égouttez-les.

③ Coupez le jambon de Bayonne en petits dés. Versez et faites chauffer l'huile d'olive dans une casserole ; quand elle est chaude, ajoutez les dés de jambon et faites-les revenir rapidement sans les dessécher. Quand le jambon est bien revenu, ajoutez les haricots verts, les fèves et les petits pois, mélangez.

④ Plongez les tomates quelques secondes dans de l'eau bouillante, pelez-les, retirez les graines, coupez la chair en gros dés et ajoutez-les aux autres légumes. Ajoutez ensuite le bouillon de volaille et laissez compoter pendant 7 à 8 minutes jusqu'à évaporation du bouillon, il doit juste rester un petit jus légèrement sirupeux. Servez chaud.

Servez ces haricots verts avec de l'agneau ou du veau.

Gratin de haricots verts

Pour 4 personnes

400 g de haricots verts • 50 g de beurre • 50 g de farine • 1/2 l de lait • 5 cl de crème fraîche liquide • 3 œufs • 80 g de fromage de brebis des Pyrénées râpé • gros sel fin et sel fin

1 plat à gratin

① Lavez, équeutez et effilez les haricots verts. Portez une grande quantité d'eau à ébullition, salez-la au gros sel (une petite poignée) et plongez-y les haricots verts. Faites-les cuire pendant 3 minutes environ à gros bouillons. Lorsqu'ils sont cuits, rafraîchissez-les dans de l'eau bien froide, puis égouttez-les.

② Faites fondre le beurre dans une casserole, ajoutez la farine sur feu doux et faites chauffer sans coloration en mélangeant bien. Délayez ensuite cette préparation avec un peu de lait froid, puis incorporez, toujours sur feu doux, le reste petit à petit. Portez ensuite à ébullition, toujours en mélangeant bien. La béchamel doit être assez épaisse ; à la première ébullition, baissez le feu et salez.

③ Préchauffez le four à 250 °C (thermostat 8-9). Mélangez la crème fraîche liquide froide avec 3 jaunes d'œufs. Reportez la béchamel à une légère ébullition et versez-y le mélange œuf-crème, petit à petit, en mélangeant bien. Vous obtenez ainsi une sauce Mornay. Dès la première ébullition, retirez cette sauce du feu.

④ Mélangez les haricots verts avec 1/4 de la sauce Mornay, puis mettez-les dans un plat à gratin, étalez le reste de la sauce par-dessus et parsemez de fromage de brebis des Pyrénées râpé. Glissez ce gratin au four pendant 10 minutes. Servez bien chaud.

Ce gratin de haricots verts est excellent avec une viande rôtie.

Salade de haricots verts

Pour 4 personnes

500 g de haricots verts • 12 petites asperges blanches • 100 g de pignons de pin grillés (au four) • 1 mangue • 1/2 botte de ciboulette • gros sel

Pour la vinaigrette
100 g de gésiers de canard confits • 2 cuil. à soupe de vinaigre de xérès • 5 cuil. à soupe d'huile de pignons de pin (ou d'huile d'arachide) • poivre du moulin

① Lavez, équeutez et effilez les haricots verts. Portez une grande quantité d'eau à ébullition, salez-la au gros sel et plongez-y les haricots verts. Faites-les cuire pendant 3 minutes environ à gros bouillons. Lorsqu'ils sont cuits, rafraîchissez-les dans de l'eau glacée, puis égouttez-les.

② Épluchez les asperges, lavez-les et ficelez-les en 1 botte. Portez de l'eau à ébullition, salez-la et plongez-y les asperges. Faites-les cuire à ébullition pendant 7 minutes. Lorsque les asperges sont cuites, rafraîchissez-les dans de l'eau glacée. Dès qu'elles sont froides, égouttez-les et déficelez-les.

③ Préparez la vinaigrette : coupez les gésiers de canard confits en dés. Dans un saladier, mélangez le vinaigre de xérès avec du poivre du moulin (bien relevé), ajoutez ensuite les dés de gésiers confits et l'huile, mélangez bien le tout.

④ Préparez la salade : épluchez la mangue et coupez-la en filaments. Lavez et ciselez la ciboulette. Mettez dans un saladier les haricots verts avec les asperges, la mangue, les pignons de pin (qui ont été grillés au four), parsemez d' 1 bonne cuillerée à soupe de ciboulette ciselée et versez la vinaigrette aux gésiers de canard confit. Mélangez délicatement et servez.

Crème de haricots verts aux coquillages

Pour 4 personnes

1 kg de haricots verts • 8 palourdes • 8 praires • 10 cl de crème fraîche liquide • 1/2 l de bouillon de volaille • sel et poivre • gros sel

1 mixeur

① Lavez, équeutez et effilez les haricots verts. Portez une grande quantité d'eau à ébullition, salez-la au gros sel et plongez-y les haricots verts. Faites-les cuire pendant 6 minutes environ à gros bouillons. Lorsqu'ils sont cuits, rafraîchissez-les dans de l'eau bien glacée, puis égouttez-les.

② Rincez rapidement les coquillages sous l'eau claire. Mettez tous les coquillages dans une casserole, versez une louche d'eau froide par-dessus, couvrez et faites chauffer jusqu'à ce que les coquillages s'ouvrent. Lorsque les coquillages sont ouverts, retirez la casserole du feu, décortiquez les coquillages, récupérez le jus de cuisson et filtrez-le.

③ Versez le jus de cuisson des coquillages dans une casserole avec la crème fraîche liquide et portez à ébullition. Versez le bouillon de volaille dans une autre casserole et portez à ébullition.

④ Mettez les haricots verts dans un mixeur, versez la crème chaude dessus et mixez jusqu'à ce que vous obteniez une purée. Ajoutez ensuite le bouillon de volaille bien chaud, petit à petit, suivant l'onctuosité désirée. Salez, poivrez et mixez à nouveau.

⑤ Disposez les coquillages décortiqués dans le fond d'une soupière, versez ensuite la crème chaude de haricots verts dessus et servez aussitôt.

En été, cette crème peut se servir glacée.

Firmin Arrambide

« Les Pyrénées »
(Saint-Jean-Pied-de-Port, Pyrénées-Atlantiques)

Chez les Arrambide, cuisiniers de père en fils à Saint-Jean-Pied-de-Port, petit village typique au pied des Pyrénées, les produits régionaux sont à l'honneur. Ils forment une toile de fond savoureuse à partir de laquelle tout le savoir-faire du chef va pouvoir s'épanouir.

Jadis, relais de diligence sur la route de Saint-Jacques de Compostelle, *Les Pyrénées* attire maintenant un autre type de pèlerins : les gourmets. Ils y apprécient la salade de grosses langoustines aux tomates confites et le gaspacho de poivrons rouges, les Saint-Jacques poêlées aux cèpes du pays, la glace à l'Izarra verte... Région océane, le Pays basque offre une gamme de recettes inépuisables aux amateurs de poissons.

Parmi eux, le thon est à redécouvrir.

Le thon

- En France, la campagne de pêche débute en juin et s'achève en septembre. Le thon est donc un mets d'été.
- Il existe cinq espèces de thon : le germon, l'albacore, le thon rouge, le patudo et le listao. L'albacore et le listao sont surtout utilisés pour la conserverie ; le thon rouge et le patudo, plutôt vendus frais. Quant au germon, appelé aussi thon blanc, c'est le plus fin de tous… Très apprécié dans la cuisine basque.
- Il se prépare dans une farandole parfumée d'oignons, d'ail, de tomates, de piments, de courgettes… Un brin de safran et d'herbes folles lui va à merveille.
- Sachez qu'il y a une partie de ce noble poisson, méconnue mais fort appréciée des pêcheurs : la poitrine, assurément le meilleur des morceaux. C'est là que sont prélevés les fameux petits filets que quelques artisans conserveurs réputés mettent à l'huile et proposent aux gourmets avertis.
- Le produit est rare, car une poitrine brute est nécessaire pour garnir une seule boîte de ces minuscules filets calibrés et confits à l'huile. Une vraie gourmandise.

► Le tour de main de Robuchon

Ma tapenade de thon

Je vous livre ici une recette de tapenade de thon, facile et rapide à faire.

Pour 500 g environ de tapenade :

150 g d'olives noires • 190 g de thon à l'huile •
60 g de beurre • 3 cuil. à soupe de jus de citron
• 1 petite cuil. à soupe de moutarde • 2 cuil. à
soupe de basilic haché • poivre

• Dans un mixeur, mettez les olives noires, égouttées et dénoyautées, et mixez-les juste pour les concasser. Ajoutez le thon à l'huile émietté avec son huile, le beurre bien froid coupé en petits dés, le jus de citron, la moutarde et le basilic haché. Poivrez et mixez en conservant quelques morceaux dans cette purée. Rectifiez l'assaisonnement si nécessaire.

• Servez cette tapenade de thon à température ambiante, sur des toasts ou des tranches de pain de campagne en amuse-bouche, ou avec une farandole de légumes crus : carottes, céleri-branche, artichauts poivrades, etc. On peut l'utiliser aussi comme condiment de dernière minute avec des pâtes fraîches.

Thon poêlé à la basquaise

Pour 4 personnes

4 médaillons de thon de 150 g environ • 6 tomates • 8 piments d'Espelette (ou 2 poivrons verts)
• 2 oignons • 1 gousse d'ail • 50 g de jambon de
Bayonne • 10 cl d'huile d'olive • 1 bouquet de
cerfeuil • sel et poivre

① Pelez les tomates, coupez-les en quartiers et épépinez-les. Coupez le bout des piments, égrainez-les et taillez-les en morceaux. Pelez les oignons, puis coupez-les en morceaux. Pelez et hachez la gousse d'ail. Coupez le jambon en bâtonnets, comme des lardons.

② Mettez 2 cuillerées à soupe d'huile d'olive dans une cocotte, faites-la chauffer, puis ajoutez : l'ail, faites-le suer ; le jambon, faites-le revenir ; les 2 oignons, faites-les suer sans coloration ; et, pour finir, les piments d'Espelette. Mélangez bien le tout, couvrez et laissez compoter pendant 15 minutes sur feu doux, tout en remuant de 1 à 2 fois pendant la cuisson.

③ Au bout de 15 minutes de cuisson, ajoutez les morceaux de tomates, remettez le couvercle et laissez à nouveau compoter pendant 15 minutes en remuant toutes les 2 à 3 minutes.

④ Assaisonnez de sel et de poivre les médaillons de thon de chaque côté. Mettez 2 cuillerées à soupe d'huile d'olive dans une poêle, faites-la chauffer, puis faites-y saisir les tranches de thon pendant à peu près 2 minutes 30 de chaque côté. Lorsque les médaillons sont cuits, dépo-sez-les sur une assiette et laissez-les reposer recouverts d'une feuille d'aluminium pendant au moins 5 minutes. (Repassez-les 2 minutes au four pour les réchauffer juste avant de les servir, si nécessaire).

⑤ Rectifiez l'assaisonnement de la basquaise en sel et en poivre.

⑥ Dressez les médaillons de thon sur un lit de basquaise et parsemez le thon de brindilles de cerfeuil.

Tournedos de thon au poivre vert

Pour 4 personnes

4 médaillons de thon rouge de 150 g • 20 g de poivre vert en grains • 10 cl d'huile d'olive • 60 g de beurre • 1 échalote • 10 cl de jurançon (ou de vin blanc moelleux) • 10 cl de crème fraîche liquide • sel et poivre

1 chinois

① Plongez le poivre dans de l'eau bouillante quelques secondes pour blanchir les grains, puis égouttez-les.

② Assaisonnez de sel et de poivre les tournedos de thon des 2 côtés. Versez un filet d'huile d'olive dans une cocotte et faites-la chauffer. Quand l'huile est chaude, mettez les tournedos et faites-les colorer 2 minutes de chaque côté. Le thon se sert rosé, voire saignant. Lorsqu'ils sont cuits, réservez ces tournedos sur une assiette et couvrez-les pour les maintenir au chaud.

③ Pelez et hachez l'échalote. Dégraissez la cocotte sans retirer les sucs, faites-y fondre 20 g de beurre, puis ajoutez l'échalote et faites suer sans coloration.

④ Mouillez ensuite avec le jurançon, faites réduire jusqu'à obtenir 2 cuillerées à soupe de cette préparation. Ajoutez la crème fraîche, laissez-la réduire jusqu'à ce que la sauce devienne onctueuse et sirupeuse. Incorporez alors, sur feu doux, 40 g de beurre en fouettant bien. Vérifiez l'assaisonnement en sel. Passez ensuite cette sauce au chinois dans une casserole, maintenez-la au chaud, sans la porter à ébullition, et ajoutez le poivre vert. Déposez les tournedos sur du papier absorbant, récupérez le petit jus rendu sur l'assiette et versez-le dans la sauce.

⑤ Dressez les tournedos de thon sur un plat et nappez-les de la sauce au poivre. Servez aussitôt.

Thon rôti aux olives et aux anchois

Pour 4 personnes

1 filet de thon rouge de 600 g • 32 olives vertes dénoyautées • 10 cl d'huile d'olive • 2 branches de thym frais • 12 olives noires à la grecque • 1 cuil. à soupe de vinaigre de xérès • quelques gouttes de vinaigre balsamique • 10 cl d'eau • 8 filets d'anchois à l'huile • sel et poivre du moulin • fleur de sel

1 cocotte allant au four

① Plongez les olives vertes dénoyautées dans de l'eau bouillante. Dès la reprise de l'ébullition, rafraîchissez-les dans de l'eau froide et égouttez-les. Préchauffez le four à 200 °C (thermostat 6).

② Assaisonnez le filet de thon. Faites chauffer dans une cocotte 2 cuillerées à soupe d'huile d'olive. Quand elle est chaude, déposez le filet de thon dans la cocotte et faites-le colorer sur toutes les faces. Une fois le filet coloré, ajoutez les olives vertes et les branches de thym et enfournez pendant 8 minutes. En cours de cuisson, arrosez le filet et les olives vertes du petit jus de cuisson.

③ Dénoyautez et hachez les olives noires, mettez-les dans un récipient, ajoutez le vinaigre de xérès, quelques gouttes de vinaigre balsamique, salez légèrement, poivrez et mélangez. Versez 3 cuillerées à soupe d'huile d'olive et mélangez encore. Quand le filet de thon est cuit, sortezle de la cocotte, réservez-le sur une assiette, couvrez-le d'une feuille d'aluminium et laissez-le reposer au moins 5 minutes.

④ Remettez la cocotte sur le feu et laissez chauffer tel quel, jusqu'à ce que les sucs de cuisson du thon caramélisent, en prenant garde que les olives ne brûlent pas. Déglacez ensuite avec 10 cl d'eau, portez à ébullition et laissez réduire de moitié, grattez bien le plat avec une spatule pour récupérer tous les sucs.

⑤ Coupez les anchois en petits dés. Quand l'eau de la cocotte bout, ajoutez la vinaigrette aux olives noires, sur feu doux. Ajoutez également, mais juste avant de servir, les anchois coupés en petits dés, et mélangez bien. Rectifiez l'assaisonnement en poivre. Dressez le filet sur un plat, versez la sauce tout autour, parsemez le filet de fleur de sel et de poivre du moulin.

Tartare de thon

Pour 4 personnes

1 morceau de thon de 350 g environ • 1 citron •
1 poivron rouge pelé • 1 huître • 1 échalote • 1 bouquet de ciboulette • 1 cuil. à soupe de moutarde
• 15 cl d'huile d'olive • 1 cuil. à soupe de vinaigre
de xérès • 3 tomates • 4 piments d'Espelette (ou
1 poivron vert) • 1 bouquet de cerfeuil • sel et
poivre du moulin

① Coupez le thon en petits dés avec un couteau, ou hachez-le avec un moulin à viande à gros trous, et mettez-le dans un récipient. Pressez le citron. Taillez le poivron rouge en petits dés. Passez l'huître et son jus à travers une petite passette en l'écrasant pour obtenir un mélange homogène. Pelez et hachez l'échalote. Lavez, essorez et ciselez la ciboulette.

② Ajoutez au thon l'échalote, les dés de poivron rouge, 1 cuillerée à soupe de ciboulette, 1/2 cuillerée à soupe de moutarde, 1 petite cuillerée à soupe de jus de citron, l'huître, salez, poivrez et mélangez bien. Incorporez ensuite, petit à petit, en filet, 10 cl d'huile d'olive en mélangeant bien, vérifiez l'assaisonnement en sel et poivre, mélangez. Réservez au réfrigérateur jusqu'au moment de l'utilisation.

③ Dans un autre récipient, mélangez le vinaigre de xérès avec une pincée de sel et de poivre, ajoutez ensuite le reste de moutarde et d'huile d'olive.

④ Plongez les tomates quelques secondes dans de l'eau bouillante, pelez-les, coupez-les en 4 et retirez les graines. En retournant ces quartiers de tomates vous obtenez des « pétales ».

⑤ Dressez le tartare de thon sur des assiettes individuelles : confectionnez pour chaque assiette 3 quenelles de tartare de thon, alternez-les avec 3 « pétales » de tomate de façon à former une jolie rosace. Salez et poivrez les tomates. Renouvelez cette opération sur les 3 autres assiettes.

⑥ Coupez les extrémités des piments, égrenez-les, puis émincez-les finement ; disposez ces piments sur chaque « pétale » de tomate, au milieu de chaque rosace disposez un petit tas de pluches de cerfeuil, assaisonnez les tomates et piments de la vinaigrette. Servez ce tartare bien frais.

Patricia Wells

Critique gastronomique

Lorsqu'un étranger se pique de gastronomie française, il devient un redoutable et bien aimable expert. Ainsi en est-il de la journaliste américaine Patricia Wells, première et seule femme d'origine étrangère à avoir signé la rubrique gastronomique d'un grand hebdomadaire français. Infatigable voyageuse, elle a sillonné notre pays pour en débusquer les saveurs les plus originales.

Une science qu'elle ne met pas seulement au service de la critique mais aussi du plaisir gourmand. Les saveurs du Midi n'ont plus de secrets pour elle, à tel point qu'elle vient d'y consacrer un livre où, bien sûr, l'huile d'olive tient une place de choix.

L'huile d'olive

• J'aime l'huile d'olive, or liquide et savoureux, inscrit dans la grande triade avec le pain et le vin. L'olivier et ses fruits sont indissociables de l'histoire de l'humanité et, à Athènes, cet arbre était sacré.

• L'huile d'olive de première pression, à froid, qui n'a subi aucun traitement chimique, est l'huile reine de la cuisine. Cette huile vierge « extra » possède ses crus comme le vin fin. Le choix est vaste, chaque terroir joue un rôle prédominant pour le goût.

• Épaisse ou fluide, de couleur ambre clair, jaune, mordorée, presque verte, de saveur douce ou très fruitée, il y a toujours une huile d'olive pour séduire.

• Et sachez que, contrairement aux idées reçues, l'huile d'olive résiste mieux que d'autres à la cuisson.

▶ Le tour de main de Robuchon

Les huiles parfumées

Toutes les huiles ont en commun une qualité : elles sont de merveilleux réceptacles au parfum. L'huile d'olive est celle qui se prête le mieux à cette osmose.

• Mettez une pincée de pistil de safran ou de poudre de curry, et l'huile en prendra le goût. Ajoutez un peu de basilic, dans l'une ou l'autre de ces deux huiles ou même juste dans de l'huile d'olive pure, elles seront parfumées pour assaisonner les pâtes.

• Pour accommoder un crustacé grillé, arrosez-le d'un peu d'huile d'olive dans laquelle aura infusé une pointe de curry, un petit morceau d'anis étoilé, 2 gousses d'ail, du basilic, une branche de romarin, une brindille de thym et un piment oiseau.

• Je vous conseille d'avoir dans votre cuisine des flacons d'huile d'olive aromatisés de saveurs différentes : curry, safran, basilic, piment, etc.

• Attention ! l'huile rancit à la lumière et s'oxyde à l'air. Aux bouteilles traditionnelles, préférez des conditionnements opaques – à défaut, enveloppez les bouteilles d'une feuille d'aluminium comme le font les Italiens – et n'oubliez jamais de remettre le bouchon.

• Grâce à l'huile d'olive, le produit le plus banal prend des accents ensoleillés, le mets le plus raffiné se pare d'arômes chaleureux.

Croustilles aux anchois et à l'ail

Pour 4 personnes

12 filets d'anchois, au sel de préférence • 12 cl de lait entier • 3 gousses d'ail • 4 cuil. à soupe d'huile d'olive extra vierge • 4 tranches de pain complet

① Passez les anchois sous l'eau pour retirer le maximum de sel, ôtez l'arête centrale. Hachez les filets, mettez-les dans un récipient, couvrez-les du lait et laissez mariner pendant 15 minutes à température ambiante. Au bout de 15 minutes, égouttez-les. Le lait dessale et retire l'amertume des anchois en même temps qu'il les gonfle un peu et les rend ainsi plus onctueux.

② Pelez et hachez les gousses d'ail très finement. Versez l'huile d'olive dans un poêlon, ajoutez l'ail et les anchois, faites chauffer à feu modéré et mélangez. Dès que les anchois sont bien dissous dans l'huile, retirez du feu.

③ Préchauffez le four à 200 °C (thermostat 6).

④ Coupez les tranches de pain en lanières comme pour faire des mouillettes. Badigeonnez-les sur chaque face de la préparation à base d'huile et d'anchois. Posez-les sur une plaque, et enfournez pendant 3 à 4 minutes, en les retournant en cours de cuisson. Laissez-les refroidir sur une grille et servez ces croustilles aux anchois tièdes ou à température ambiante pour l'apéritif.

Ces croûtons peuvent être coupés en dés et agrémenter une salade.

Olives vertes aux herbes

Pour 1 bocal

300 g d'olives vertes, picholines de préférence • 2 feuilles de laurier frais • 1/2 cuil. à café de feuilles de thym frais • 1/2 cuil. à café de graines de fenouil • 1/2 cuil. à soupe de graines de cumin • 1 cuil. à café d'origan séché • 4 gousses d'ail • 1 cuil. à soupe d'huile d'olive extra vierge

① Pelez et écrasez les gousses d'ail avec la paume de la main ou en appuyant sur la lame longue et large d'un couteau sur la gousse.

② Mettez dans un récipient les olives vertes, les feuilles de laurier, les feuilles de thym, les graines de fenouil et de cumin, l'origan frotté entre les

mains (quand il est sec, l'origan frotté dégage mieux sa saveur), les gousses d'ail écrasées, l'huile d'olive et mélangez. Mettez le tout dans un bocal bien hermétique.

③ Entreposez le bocal au réfrigérateur avant de déguster les olives. Elles peuvent être consommées dans les heures qui suivent ou au bout d'un mois ; elles seront excellentes au bout de trois jours.

Servez ces olives à l'apéritif avec de la saucisse sèche et un verre de vin.

Carottes à la provençale

Pour 4 à 6 personnes

500 g de carottes • 5 gousses d'ail • 2 cuil. à soupe d'huile d'olive extra vierge • 30 olives noires de Nyons • sel

① Épluchez les carottes, coupez-les en grosses rouelles d'1/2 cm d'épaisseur environ.

② Faites chauffer l'huile d'olive dans une cocotte ; dès qu'elle fume, ajoutez les carottes, enrobez-les bien d'huile, baissez le feu et laissez-les étuver sur feu doux pendant 20 minutes à couvert, tout en les remuant à peu près toutes les 5 minutes.

③ Pelez les gousses d'ail et coupez-les en 4 dans la longueur. Au bout de 20 minutes de cuisson, ajoutez dans la cocotte les gousses d'ail, salez et laissez cuire, toujours à couvert, pendant 15 minutes tout en mélangeant bien toutes les 5 minutes.

④ Dénoyautez les olives et coupez-les en 4 dans la longueur. Au bout des 15 minutes de cuisson des carottes et de l'ail, ajoutez les olives noires, mélangez délicatement pour ne pas écraser les carottes, laissez chauffer 2 minutes, rectifiez, si nécessaire, l'assaisonnement en sel puis servez.

Servez ces carottes avec une viande rôtie : volaille (dinde ou poulet) ou une pièce de bœuf.

Salade de roquette au parmesan

Pour 4 à 6 personnes

100 g de roquette • 75 g de pancetta (6 tranches fines) • 60 g de parmesan • 24 olives noires de Nyons

Pour l'assaisonnement
1 citron • 3 cuil. à soupe d'huile d'olive extra vierge • sel et poivre

① Préparez l'assaisonnement de la salade : pressez le citron, versez 1 bonne cuillerée à soupe de son jus dans un saladier, ajoutez 1 pincée de sel et de poivre, mélangez au fouet, puis ajoutez l'huile d'olive et mélangez de nouveau.

② Préchauffez le four sur position gril. Coupez la pancetta en fines tranches, disposez-les sur une plaque, mettez au four le plus chaud possible pendant 2 à 3 minutes.

③ Dénoyautez les olives. Lavez et essorez la roquette. Mettez-la dans un saladier, ajoutez par-dessus le parmesan coupé en petits copeaux avec un économe, les olives noires, les tranches de pancetta, également coupées en morceaux (conservez une tranche entière pour la décoration finale), versez l'assaisonnement et mélangez bien.

④ Décorez en déposant la tranche de pancetta restante sur la salade et servez.

Shalom Kadosh

«Sheraton Jerusalem Plaza»
(Jérusalem, Israël)

Délicieux carrefour de cultures culinaires venues du monde entier et subtil mélange d'Orient et d'Occident, la grande cuisine israélienne existe. Je l'ai rencontrée lors des « 3 000 ans de Jérusalem » en la personne de mon ami Shalom Kadosh, cet enchanteur qui régale le monde entier à l'hôtel *Sheraton Jerusalem*.

Il s'y est fait une spécialité des recettes à base de la traditionnelle poule, une volaille qui, depuis la plus haute antiquité, abonde sur les marchés des rivages méditerranéens.

Mais, inspirée par la chaude lumière d'Israël, l'imagination du grand cuisinier la métamorphose.

La poule

• Symbole historique pour la France populaire et rurale, la poule fut mise au pot par Henri IV et demeure depuis l'un des plats préférés des Français.

• La poule est le plus souvent une pondeuse qu'on a mis à la réforme. Elle pèse alors 2 à 3 kg. Sa chair ferme, un peu grasse, s'accommode principalement d'une cuisson au court-bouillon qui l'attendrit. La poule de réforme est une bonne matière première pour la préparation des bouillons.

• Pour bien choisir une poule, voici quelques indications : la peau doit être uniforme, sans ecchymoses. Si, en passant les doigts sous l'aile, vers la jointure, vous trouvez la peau mouillée, poisseuse, c'est que la volaille a trop attendu.

• Sachez enfin que c'est la plus économique des volailles, et qu'une poule au riz demeure un mets de roi.

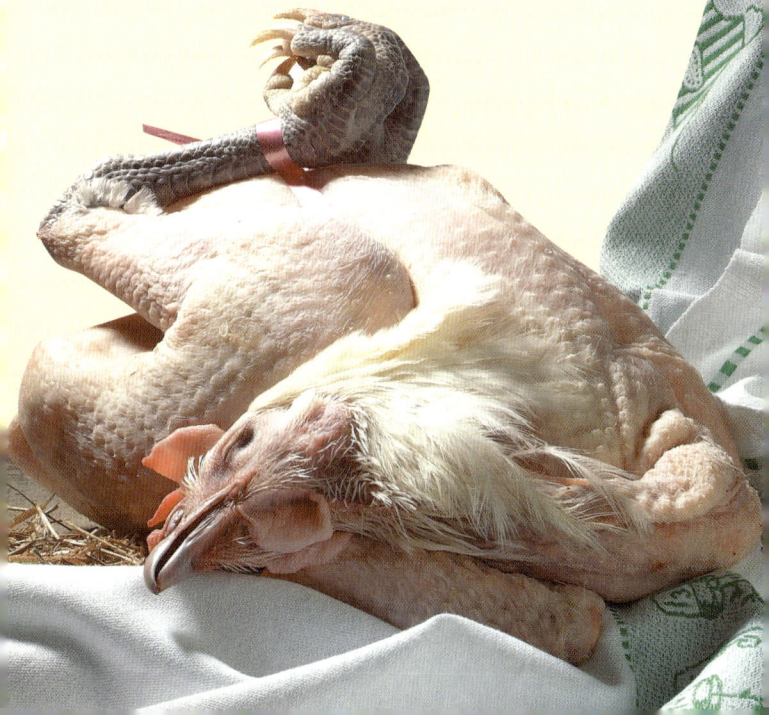

► Le tour de main de Robuchon

Parfumer la volaille

Voici une façon simple de parfumer la chair d'une volaille, aussi bien à rôtir qu'à pocher entière.

• Choisissez une herbe de votre goût comme du persil plat. Effeuillez-le et lavez-le.

• Avec les doigts, décollez la peau de la chair de la volaille en partant du cou pour aller vers le haut des cuisses et des pilons. Passez les feuilles de persil dans du beurre clarifié ou de l'huile d'olive. Glissez-les ensuite délicatement sous la peau.

• Pratiquez de la même manière en décollant la peau de la poitrine. Glissez-y également quelques feuilles. Bridez-la. La volaille est ainsi prête à cuire.

• Sachez que le nec plus ultra est de remplacer les feuilles de persil par des lames de truffes, un pur régal !

Bouillon de volaille aux boulettes de pain azyme

Pour 6 à 8 personnes

1 poulet de 1,5 kg environ, vidé • 400 g d'épaule ou de culotte de bœuf • 2 carottes • 4 branches de céleri • 2 oignons • 1/4 de céleri-rave • 1/2 fenouil • 1 poireau • 1 petit bouquet de persil plat

Pour les boulettes de pain
2 cuil. à soupe d'huile d'arachide • 170 g de farine de pain azyme • 3 œufs • sel et poivre • gros sel

① Le poulet et le bœuf servent, dans cette recette, à parfumer le bouillon. Vous pourrez les consommer froids ou en salade (par exemple, dans la *Salade de volaille à la mangue et à l'ananas*, p. 38).

② Épluchez les carottes, les branches de céleri, les oignons et le céleri-rave. Lavez le 1/2 fenouil, le poireau et le persil. Ficelez ensemble les branches de céleri avec le poireau. Coupez les oignons en 2 et le céleri-rave en 3 morceaux. Remplissez un faitout d'eau froide, immergez les viandes et portez à ébullition.

③ Quand l'eau bout, écumez, puis ajoutez la garniture aromatique : les carottes, le céleri-rave, les oignons, le poireau et le céleri-branche, le fenouil et le bouquet de persil plat (gardez quelques pluches pour le dressage). Salez au gros sel, poivrez et faites cuire à frémissements pendant 2 heures 30 - 3 heures. Après 2 heures de cuisson, prélevez 2 litres de bouillon et les carottes.

④ Préparez les boulettes : dans une casserole, faites chauffer 17 cl d'eau avec l'huile d'arachide ; à la première fumée, retirez du feu. La température idéale est de 85 °C. Versez sur la farine, mélangez grossièrement à la fourchette. Laissez reposer à température ambiante pendant 5 minutes. Battez les œufs, puis incorporez-les à la pâte. Salez bien, poivrez, mélangez et laissez reposer encore 10 minutes à température ambiante. Faites 6 boulettes avec la pâte de pain azyme, 1 par personne. Mouillez-vous légèrement les mains, cela facilitera la manipulation de la pâte.

⑤ Dans une casserole, portez le bouillon de volaille à ébullition. Plongez-y les boulettes, faites-les pocher 15 minutes à couvert, à petits frémissements.

⑥ Coupez les carottes en rondelles, mettez-les dans une soupière, versez le bouillon de volaille et les boulettes de pain azyme et parsemez de pluches de persil. Servez chaud.

Fenouils farcis à la poule et aux pignons

Pour 4 personnes

400 g de blancs de poule • 4 fenouils • le jus d'1 citron • 4 petits oignons blancs • 4 gousses d'ail • 1 poireau • 80 g de mie de pain • 100 g de margarine • 20 g de farine • 10 cl de vin blanc • 1 l de bouillon de poule • 1 bouquet garni • 2 pincées de safran • 40 g de poitrine d'oie fumée • 50 g de pignons de pin • 1 bouquet de persil plat • 1 bouquet de coriandre • 1 branche de thym • 1 œuf • huile d'olive • 1 pincée de cumin • sel et poivre

1 chinois

① Entamez légèrement les bulbes des fenouils du côté opposé aux tiges de façon à pouvoir poser les fenouils à plat sans qu'ils basculent. Nettoyez et parez les bulbes de fenouil : coupez les tiges puis évidez-les en retirant l'intérieur à l'aide d'une cuillère à soupe. Réservez les intérieurs dans de l'eau additionnée du jus de citron jusqu'à la préparation de la sauce.

② Dans une casserole, portez de l'eau à ébullition, salez à raison de 12 g par litre d'eau, faites-y cuire les fenouils 20 à 25 minutes. Pour vérifier leur cuisson, piquez-les avec la pointe d'un couteau, ils doivent être facilement traversés. Quand ils sont cuits, rafraîchissez-les dans de l'eau glacée, puis égouttez-les.

③ Pelez les oignons blancs, émincez-en 2 et hachez les 2 autres. Pelez les gousses d'ail, dégermez-en 2 et hachez les 2 autres. Lavez le poireau et émincez-le. Retirez l'intérieur des fenouils de l'eau citronnée et hachez-les finement. Faites tremper la mie de pain dans de l'eau jusqu'à l'utilisation (20 minutes).

④ Dans une casserole, mettez la margarine coupée en morceaux, les 2 oignons émincés, le poireau, l'intérieur des fenouils, les 2 gousses d'ail dégermées et faites suer sans coloration pendant 3 minutes. Au bout de 3 minutes, sur feu très doux, ajoutez la farine et mélangez bien. Mouillez avec le vin blanc et le bouillon de poule, puis ajoutez le bouquet garni, 1 pincée de safran, salez, poivrez et mélangez. Faites cuire pendant 10 à 15 minutes. Au bout de ce temps, passez ce bouillon au chinois en pressant bien et réservez-le.

⑤ Hachez les blancs de poule et la poitrine d'oie fumée. Pressez la mie de pain pour en retirer l'eau. Lavez les herbes et hachez-les. Battez l'œuf dans un bol.

⑥ Mélangez ensuite dans un récipient les blancs de poule avec 40 g de pignons de pin, la poitrine d'oie fumée, la mie de pain essorée, 1 cuillerée à soupe de persil plat et 1 de coriandre, 1 cuillerée à café de brindilles de thym, les 2 oignons et les 2 gousses d'ail hachés. Mélangez le tout. Ajoutez ensuite 2 cuillerées à soupe d'huile d'olive, l'œuf battu, 1 pincée de safran et 1 de cumin, salez, poivrez et mélangez bien cette farce.

⑦ Préchauffez le four à 200 °C (thermostat 6). Assaisonnez l'intérieur des fenouils, puis farcissez-les copieusement de la préparation en tassant bien la farce. Disposez les fenouils farcis dans un plat de cuisson, arrosez-les du bouillon passé au chinois et remplissez le plat à mi-hauteur. Arrosez les fenouils d'un filet d'huile d'olive. Recouvrez le tout d'une feuille d'aluminium et faites cuire dans le four pendant 50 minutes.

⑧ À la sortie du four, parsemez les fenouils de coriandre et de persil hachés, des pignons de pin restants et servez.

Pâté de foie de volaille à l'oignon

Pour 6 à 8 personnes

500 g de foies de volaille • 5 oignons • 10 cl d'huile d'arachide • 5 œufs durs • 100 g de graisse d'oie • 6 olives noires • 1 bouquet de persil plat • gros sel • sel et poivre

1 hachoir

① Préchauffez le four à 250 °C (thermostat 8-9). Pelez et émincez les oignons pour en obtenir 500 g environ. Faites-les colorer, juste blonds, dans l'huile d'arachide pendant 5 minutes en remuant régulièrement.

② Disposez les foies de volaille sur la plaque du four, salez-les au gros sel et mettez-les au four pendant 3 à 4 minutes. Quand ils sont prêts, mélangez-les aux oignons pour qu'ils finissent de cuire puis ajoutez 4 œufs durs coupés en 2. Salez, poivrez, laissez cuire encore 1 à 2 minutes tout en mélangeant. Égouttez et laissez refroidir à température ambiante. Passez cette préparation au hachoir avec une grille moyenne.

③ Faites fondre la graisse d'oie, versez-la sur le pâté et mélangez. Laissez reposer au réfrigérateur pendant 1 heure. Il est même recommandé de le faire la veille.

④ Dressez ce pâté de foie de volaille sur un plat, décorez avec l'œuf dur restant coupé en 6, parsemez des olives et de pluches de persil.

Servez ce pâté avec du pain grillé et des oignons frits.

Salade de volaille à la mangue et à l'ananas

Pour 4 personnes

2 blancs de poule cuits • 2 mangues • 1/4 d'ananas frais • 1 pomme verte (Granny Smith) • 1 branche de céleri • 4 fraises • 1 petit bouquet de menthe

Pour l'assaisonnement
1 citron • 2 à 3 cuil. à soupe de mayonnaise • 1 cuil. à soupe de liqueur d'orange

① Préparez l'assaisonnement : pressez le citron. Mélangez au fouet son jus avec la mayonnaise et la liqueur d'orange.

② Coupez les blancs de poule en julienne. Épluchez les mangues, l'ananas, la pomme et le céleri et coupez-les également en julienne.

③ Mettez le tout dans un saladier, ajoutez la mayonnaise et mélangez. Disposez les fraises et quelques feuilles de menthe sur le dessus pour la décoration et servez cette salade fraîche en entrée.

Pour faire la mayonnaise, il est préférable d'utiliser de l'huile de pépins de raisin car elle ne fige pas au réfrigérateur et ne risque donc pas de tourner. Cela permet également de mettre la salade au réfrigérateur pour la servir bien fraîche.

François Kartheiser

« Laurent »
(Paris, VIIIe)

I l n'y a pas de grand restaurant sans grand pâtissier. Au célèbre et très parisien *Laurent*, dirigé par Edmond Ehrlich, c'est François Kartheiser, expert en douceurs, qui officie. En dépit des merveilles dont notre palais s'est délecté tout au cours du repas, notre appétit, soudain, se réveille, alléché par le raffinement des desserts proposés. Comment ne pas céder à la gourmandise ? Comment choisir entre un palet chocolaté à la menthe et au caramel et des fraises meringuées qu'accompagne une gelée au miel ? Le métier du chef pâtissier est incomparable !

La preuve : ces exceptionnelles recettes à base de vanille.

La vanille

• Au siècle d'or des grandes explorations, alors que l'Espagnol Hernan Cortés faisait la conquête du Mexique, il découvrit parmi les trésors du Nouveau Monde une plante grimpante, inconnue en Europe : la vanille. Ses gousses, une fois traitées et séchées, acquièrent cette odeur et ce goût si délicatement prenant qui ont fait son succès. D'ailleurs, le parfum de la vanille est tellement grisant que, humé à haute dose, il peut avoir les effets d'une drogue douce.

• Véritable déesse de la gourmandise, la vanille est maintenant cultivée à Madagascar, à Tahiti, aux Antilles et dans plusieurs îles de l'océan Indien.

• Celle que les professionnels préfèrent provient de la Réunion, ancienne île Bourbon, d'où son nom de vanille Bourbon.

• Un bon spécialiste de la vanille reconnaît immédiatement la provenance et même le nom du récoltant, car les producteurs poinçonnent la gousse encore verte d'un signe distinctif.

• Le nec plus ultra est la vanille givrée : les gousses sont partiellement recouvertes d'un givre blanc, il ne s'agit pas de moisissure mais de cristaux de vanilline. C'est la plus riche en arôme, le grand cru, naturellement rare.

Ma crème anglaise à la vanille

L'onctuosité de la crème anglaise est obtenue par la coagulation des jaunes d'œufs sous l'action de la chaleur. Plus vous mettez d'œufs, plus la crème sera épaisse et onctueuse.

1 l de lait • 3 gousses de vanille • 12 jaunes d'œufs • 250 g de sucre semoule • 1 grain de café

• Passez une grande casserole sous l'eau froide, videz-la mais ne l'essuyez pas, versez le lait dedans, ainsi, à la cuisson, le lait ne collera pas aux parois ni au fond de la casserole.

• Coupez les 3 gousses de vanille sur toute leur longueur, raclez avec la pointe d'un couteau l'intérieur des gousses, mettez tous les petits grains de vanille dans la casserole de lait avec les gousses fendues et le grain de café (qui relève le goût de la vanille), mélangez. Faites bouillir le lait en mélangeant bien. À la première ébullition, réduisez la température et, sur feu très doux, laissez infuser à couvert pendant 5 à 10 minutes.

• Dans un récipient, mélangez les jaunes d'œufs avec le sucre semoule, travaillez bien ce mélange au fouet, jusqu'à ce qu'il devienne lisse, qu'il blanchisse et qu'il double de volume. Pour plus de facilité, vous pouvez utiliser un fouet électrique.

• Quand le lait a infusé pendant 5 à 10 minutes, retirez les gousses de vanille, fouettez légèrement et reportez à ébullition. Dès que le lait est à ébullition, prélevez 2 louches de lait et versez-les sur les œufs. Délayez rapidement pour que la masse devienne liquide.

• Versez ensuite le mélange œufs-lait dans la casserole, mélangez au fouet puis faites chauffer la crème sur feu doux, tout en la mélangeant bien avec une spatule jusqu'à ce qu'elle épaississe. Attention, il faut faire épaissir la crème sans, surtout, la faire bouillir. Pour vérifier la bonne consistance de la crème, plongez la spatule dans la casserole, retirez-la, passez un doigt dessus, la trace doit rester ; si les bords de crème s'étalent et se rapprochent, elle n'est pas assez cuite.

• Passez ensuite la crème à travers une passoire dans un récipient bien froid (posé sur de la glace).

• Attendez que la crème soit froide pour la déguster. Elle doit être consommée dans les heures qui suivent sa préparation sous peine d'être toxique.

Tarte briochée à la crème à la vanille

Pour 5 à 6 personnes

2 gousses de vanille • 300 g de pâte à brioche • 150 g de sucre semoule • 4 œufs • 20 g de beurre • 2 cuil. à café de Maïzena • 300 g de crème fraîche liquide • farine et beurre pour le moule

① Mettez un peu de farine sur le plan de travail, étalez la pâte à brioche bien froide de la taille d'une assiette. Si la pâte colle, saupoudrez-la de farine. Déposez ensuite sur la pâte un cercle métallique ou une assiette de la taille de l'abaisse souhaitée et découpez tout autour de façon à obtenir un joli cercle.

② Farinez une plaque de four, posez l'abaisse dessus, lissez-la de la paume de la main et laissez reposer 1 heure à température ambiante, sans courant d'air, voire près d'une source de chaleur.

③ Versez la crème fraîche liquide bien froide dans un récipient posé dans un autre contenant de la glace. Fendez les gousses de vanille en 2, récupérez les graines et mettez-les dans la crème, ajoutez 30 g de sucre. Battez la crème fermement, faites-la mousser et, lorsqu'elle a bien épaissi, serrez-la, c'est-à-dire finissez de la fouetter par un mouvement circulaire et rapide du fouet. Saupoudrez ensuite cette crème de la Maïzena, ajoutez 1 jaune d'œuf, mélangez délicatement avec une spatule, comme pour mélanger des blancs d'œufs.

④ Pliez plusieurs fois une feuille d'aluminium, afin d'obtenir une bande assez épaisse de 5 cm de largeur environ. Beurrez-la avec un pinceau puis farinez la bande des 2 côtés. Préparez la dorure pour la tarte en battant 3 jaunes d'œufs dans un bol. Préchauffez le four à 180 °C (thermostat 5).

⑤ Quand la pâte à brioche a poussé, aplatissez-la du bout des doigts en partant du centre vers les bords en laissant une bordure de 1 cm environ tout autour. Dorez la bordure avec la dorure.

⑥ Garnissez la tarte de la crème à la vanille, sans aller jusqu'au bord. Intercalez entre la collerette de la tarte et la crème la bande d'aluminium tout autour. Passez largement de la dorure sur la crème et saupoudrez-la de 105 g de sucre en poudre.

⑦ Posez une grille à tarte en équilibre sur l'aluminium pour faire poids et éviter que la pâte à brioche pousse. Mettez la tarte au four pendant 30 minutes. À mi-cuisson, retirez la grille et la bande d'aluminium. Quand la tarte est cuite, parsemez-la, selon votre goût, d'un peu de sucre en poudre. Dégustez-la tiède.

Crème froide caramélisée à la cassonade

Pour 6 personnes

4 gousses de vanille • 9 jaunes d'œufs • 150 g de sucre semoule • 25 cl de lait • 75 cl de crème fraîche liquide • 40 g de cassonade

6 plats à œuf en porcelaine

① Fendez les gousses de vanille en 2 dans la longueur et retirez les graines. Dans un récipient, mélangez au fouet les jaunes d'œufs, les graines de vanille et le sucre semoule, jusqu'à ce que le mélange blanchisse et épaississe. Ajoutez ensuite, toujours en mélangeant, le lait froid puis la crème fraîche liquide. Recouvrez la crème d'un film plastique et entreposez-la au réfrigérateur pendant 12 heures.

② Préchauffez le four à 90 °C (thermostat 1-2).

③ Versez la crème à la vanille dans 6 plats à œuf en récupérant bien les petites graines de vanille tombées au fond du récipient, remplissez-les aux 3/4 et mettez-les au four pendant 45 minutes.

④ Quand les crèmes sont cuites, laissez-les refroidir à température ambiante, puis au réfrigérateur pendant au moins 2 heures. Vous pouvez même préparer les crèmes la veille.

⑤ Quand les crèmes sont froides, faites chauffer le gril du four. Mettez la cassonade dans une passoire et saupoudrez-en les crèmes froides. Faites ensuite caraméliser les crèmes quelques instants sous le gril bien chaud du four. Servez aussitôt.

Bananes et ananas à la vanille

Pour 3 personnes

3 gousses de vanille • 1 petite cuil. à café de fécule • 3 cuil. à soupe de liqueur d'orange • 1 orange • 2 citrons • 80 g de sucre en poudre • 20 g de beurre • 1 ananas • 4 petites bananes • 80 g de beurre clarifié • glace à la vanille

① Fendez les gousses de vanille en 2, récupérez les graines et réservez les gousses. Mélangez dans un récipient la fécule avec les graines de vanille et délayez avec la liqueur d'orange.

② Pressez l'orange et les citrons et réservez leur jus séparément. Faites fondre à sec dans une poêle 70 g de sucre en poudre et laissez-le colorer. Déglacez ensuite ce caramel, petit à petit, avec 20 cl de jus d'orange, laissez réduire de moitié tout en mélangeant. Ajoutez le mélange fécule-vanille, mélangez puis versez 3 cuillerées à soupe de jus de citron. Liez avec 20 g de beurre coupé en petits morceaux sur feu doux, la sauce ne doit surtout pas bouillir. Maintenez-la au chaud.

③ Épluchez l'ananas et les bananes. Coupez l'ananas en rondelles, retirez le cœur de chacune d'entre elles. Coupez les bananes en 2 dans la longueur. Préchauffez le four à 200 °C (thermostat 6).

④ Faites chauffer 1 cuillerée à soupe de beurre clarifié dans une poêle et faites-y colorer 3 rondelles d'ananas de chaque côté puis saupoudrez-les d' 1 pincée de sucre en poudre. Faites de même avec les 8 moitiés de bananes. Faites saisir ensuite rapidement les gousses de vanille dans la même poêle. Disposez les fruits et les gousses de vanille dans un plat allant au four et enfournez-les pendant 10 minutes.

⑤ Versez la sauce dans la poêle de cuisson des fruits pour la réchauffer. Quand les fruits sont chauds, dressez-les dans un plat de service et nappez-les de la sauce à la vanille bien chaude et servez avec une boule de glace vanille.

Petits pots de crème à la vanille

Pour 4 personnes

5 gousses de vanille • 1 l de lait • 10 jaunes d'œufs
• 160 g de sucre en poudre

4 petits pots en porcelaine

① Fendez les gousses de vanille en 2, retirez les graines avec la pointe d'un couteau. Versez le lait dans une casserole, ajoutez les gousses et les graines de vanille, portez à ébullition, tout en mélangeant avec une spatule. Lorsque le lait est à ébullition, retirez-le du feu, couvrez et laissez infuser 15 minutes.

② Battez les jaunes d'œufs, ajoutez le sucre en poudre et faites blanchir en fouettant énergiquement ; l'appareil doit éclaircir et épaissir. Délayez-le alors avec 1 à 2 louches de lait vanillé, puis versez cet appareil dans le lait tout en mélangeant bien. Passez à travers une passoire en frottant bien l'intérieur de la passoire pour récupérer les petits grains de vanille. Laissez reposer pendant 10 à 15 minutes, puis écumez la mousse qui s'est formée sur le dessus.

③ Préchauffez le four à 165 °C (thermostat 4). Tapissez le fond d'un plat de cuisson creux d'une feuille de papier sulfurisé dans laquelle vous aurez fait quelques encoches. (Cela évite les éventuelles éclaboussures à la cuisson au bain-marie).

④ Versez la crème à la vanille dans des petits pots en récupérant bien les graines de vanille tombées dans le fond du récipient. Disposez les petits pots dans le plat de cuisson ; avec la pointe d'un couteau, percez les bulles formées à la surface afin d'obtenir une crème bien lisse. Remplissez le plat d'eau bouillante, à mi-hauteur des petits pots. Recouvrez-les d'une feuille d'aluminium pour que la crème ne colore pas. Mettez au four 30 minutes.

⑤ Servez ces petites crèmes froides.

Éric Briffard

Hôtel Plaza-Athénée
(Paris, VIII°)

Luxe et élégance, les palaces sont des endroits d'autant plus délicieux que certains sont devenus des rendez-vous de gourmets. Ainsi le *Plaza-Athénée*, à Paris, peut-il s'enorgueillir de son jeune chef Éric Briffard. Avec ses délices de petits rougets en gelée de crustacés à la crème de romarin, son saumon au gingembre cuit sur la braise ou encore son turbot du Guilvinec aux topinambours braisés, il s'est fait une spécialité des poissons. Un des plus savoureux et des plus prisés est certainement la daurade.

La daurade

• Comme son nom l'indique, les écailles de ce poisson ont des reflets dorés ou argentés. On pêchait déjà la dorade dans l'Antiquité et les Anciens en appréciaient le goût.

• Ses dents puissantes et ses larges molaires lui permettent de broyer les coquillages dont elle se nourrit. Ce qui donne à sa chair une saveur subtile.

• Il existe des dorades roses, grises et marbrées mais la plus délicieuse est la daurade royale. Signe indubitable de sa « haute lignée », elle est la seule à pouvoir s'orthographier « au » et non pas « o ».

• Sa chair est très blanche, fine, serrée, moelleuse et excellente. Choisissez-la toujours avec des flancs argentés, sans meurtrissures, les nageoires transparentes et brillantes.

• Et, si ses écailles sont d'argent, vous la reconnaîtrez surtout au croissant d'or qu'elle porte entre les yeux.

Daurade farcie aux coquillages

Pour 3 à 4 personnes :

1 daurade de 800 g • 500 g de moules • 500 g de coques • 4 olives noires dénoyautées • 1 zeste d'orange haché • 100 g d'amandes émondées • 2 cuil. à soupe d'aneth ciselé • 1 cuil. à café de graines de cumin • poivre • huile d'olive.

• Faites cuire dans une casserole les moules et les coques avec une louche d'eau ; dès que les coquillages s'ouvrent, décortiquez-les. Mettez dans un mixeur les olives noires dénoyautées, 1 zeste d'orange déjà haché et mixez.

• Ajoutez ensuite l'aneth ciselé, 1 cuillerée à café de graines de cumin, 100 g d'amandes fraîches émondées, les coquillages décortiqués, du poivre et 1 bonne cuillerée à soupe d'huile d'olive, mixez le tout.

• Poivrez l'intérieur du ventre de la daurade et farcissez-le. Cette délicieuse farce s'applique, bien sûr, aux autres poissons.

Papillotes de dorade aux palourdes

Pour 2 personnes

2 filets de dorade de 180 g environ • 6 palourdes • 2 gousses d'ail • 1 bouquet de persil plat • 50 g de beurre • 70 g de champignons de Paris • 1 échalote • 1 citron jaune • 1 petit bouquet de thym • citron • 2 cuil. à soupe d'huile d'olive • 2 cuil. à soupe de vin blanc sec • sel et poivre

① Pelez et hachez très finement les gousses d'ail. Lavez et hachez le persil plat. Dans un récipient, mélangez le beurre pommade avec l'ail et 1 cuillerée à soupe de persil plat haché, mélangez, salez et poivrez. Réservez cette persillade.

② Lavez et émincez les champignons. Pelez et coupez l'échalote en très fines rondelles. Lavez et coupez le citron en rondelles. Préchauffez le four à 250 °C (thermostat 8-9).

③ Étendez une feuille d'aluminium, versez au centre un filet d'huile d'olive, disposez la moitié des champignons et de l'échalote, posez le filet de dorade, côté chair sur les champignons. Sur le côté peau, mettez la moitié du beurre persillé, une rondelle de citron et une brindille de thym citron, disposez à côté des filets 3 palourdes crues dans leur coquille, salez légèrement, poivrez, arrosez d'un filet d'huile d'olive, d'une cuillerée à soupe de vin blanc. Fermez la papillote, roulottez les bords de la feuille d'aluminium. Faites la deuxième papillote (une papillote par personne).

④ Mettez les 2 papillotes sur la plaque du four, glissez au four pendant 5 à 6 minutes, puis servez-les. Les convives ouvrent eux-mêmes leur papillote à table, pour que toutes les saveurs se dégagent à l'ouverture.

Cette recette est tout à fait réalisable avec du bar, du cabillaud, du lieu jaune...

Dorade et pommes de terre cuites au plat, au paprika

Pour 4 personnes

1 dorade rose de 1,4 à 1,6 kg • 700 g de pommes de terre (Charlotte ou BF 15) • 2 gousses d'ail • 1 bouquet de persil plat • 40 g de chapelure • 2 cuil. à café de paprika • 3 cuil. à soupe d'huile d'olive • 30 g de beurre • 4 petits oignons blancs • 20 olives noires niçoises • 5 cl d'eau • 3 cuil. à soupe de vin blanc sec • sel et poivre

① Demandez à votre poissonnier d'ébarber, de vider et d'écailler la dorade.

② Pelez et hachez finement les gousses d'ail. Lavez et hachez le persil plat. Dans un récipient, mettez la chapelure avec 1 cuillerée à café de paprika, 2 cuillerées à soupe de persil plat haché, l'ail, 1 bonne cuillerée à soupe d'huile d'olive, salez, poivrez, mélangez bien et réservez.

③ Émincez finement les oignons blancs. Pelez les pommes de terre, lavez-les, coupez-les en rondelles de 3 à 4 mm d'épaisseur environ, rincez-les et égouttez-les. Mettez le beurre dans une cocotte avec 2 cuillerées à soupe d'huile d'olive, les oignons blancs et une pincée de sel, faites suer doucement sans coloration pendant 3 minutes. Au bout de 3 minutes, ajoutez les pommes de terre, faites-les suer pendant 5 minutes.

④ Puis salez-les et poivrez-les, ajoutez les olives noires entières et

1 cuillerée à café de paprika, mélangez et laissez cuire pendant 2 minutes, le temps que les pommes de terre soient bien enrobées par le paprika. Retirez du feu.

(5) Préchauffez le four à 230 °C (thermostat 7-8). Tapissez le fond d'un plat de cuisson des pommes de terre, en les équilibrant bien. Salez et poivrez l'intérieur et les 2 côtés de la dorade. Puis posez-la sur les pommes de terre. Protégez la queue du poisson en l'enveloppant dans une feuille d'aluminium. Parsemez la dorade de la chapelure persillée, versez 5 cl d'eau sur les pommes de terre, puis mettez au four pendant 35 à 40 minutes.

(6) Au bout de 30 minutes de cuisson, versez le vin blanc sur les pommes de terre et terminez la cuisson pendant encore 5 minutes.

(7) La cuisson terminée, retirez la feuille d'aluminium de la queue de la dorade et servez.

Daurade en croûte de sel et d'algues

Pour 4 personnes

1 daurade royale (ou autre) de 1,4 à 1,6 kg • 300 g d'algues vertes • 2 kg de gros sel de mer

(1) Demandez à votre poissonnier d'ébarber (couper les nageoires) et de vider la daurade, mais surtout de ne pas l'écailler.

(2) Plongez les algues dans de l'eau bouillante, portez à ébullition ; au premier bouillon, retirez-les et rafraîchissez-les dans de l'eau glacée ; égouttez-les dès qu'elles sont froides. Mélangez les algues avec le gros sel. À défaut d'algues, vous pouvez mélanger au sel des aromates comme du thym, du laurier, de l'anis étoilé, de la coriandre…

(3) Préchauffez le four à 230-240 °C (thermostat 7-8). Tapissez le fond d'un plat en terre d'1/3 du mélange sel-algues, posez la daurade dessus et recouvrez-la du reste du mélange. Protégez la queue du poisson en la recouvrant d'un morceau de feuille d'aluminium.

(4) Mettez la daurade au four pendant 40 minutes. La cuisson terminée, retirez la feuille d'aluminium de la queue, brisez délicatement la croûte de sel pour pouvoir dégager la daurade.

(5) Servez cette daurade avec un filet d'huile d'olive ou de jus de citron.

Salade de daurade acidulée à la mangue

Pour 4 personnes

1 daurade royale d' 1 kg environ • 1 petite mangue • 1 citron vert • 10 cl d'huile d'olive • 2 bulbes de fenouil • 2 cœurs de salade frisée • 2 tomates moyennes • fleur de sel et poivre mignonnette

1 mixeur

① Demandez à votre poissonnier de lever les filets de la daurade et de retirer les arêtes.

② Pelez la mangue, retirez le noyau, partagez-la en 2. Coupez-en une moitié en petits dés et réservez-la. Puis coupez l'autre moitié en gros morceaux.

③ Pressez le citron vert. Mettez les gros morceaux de mangue (50 g environ) dans un mixeur avec le jus du citron vert et mixez. Salez, poivrez, ajoutez l'huile d'olive, mixez à peine 8 secondes juste le temps de faire le mélange mais sans trop lier la sauce.

④ À l'aide d'un couteau bien aiguisé, séparez chaque filet en 2 là où se trouvait l'arête centrale de façon à retirer les parties sanguines de la daurade, puis tranchez ces filets en fines escalopes. Étirez un film plastique sur une assiette et disposez les escalopes de daurade dessus (ils seront alors plus faciles à décoller). Assaisonnez ces tranches en les badigeonnant d'un peu d'huile de mangue, parsemez-les de fleur de sel et de poivre mignonnette.

⑤ Lavez et coupez finement les bulbes de fenouil. Lavez et essorez les cœurs de salade frisée. Mélangez-les avec le fenouil, assaisonnez d'un peu d'huile de mangue. Plongez les tomates dans de l'eau bouillante, au premier bouillon rafraîchissez-les, égouttez-les, pelez-les, coupez-les en 2, épépinez-les puis coupez-les en petits dés.

⑥ Mélangez les dés de tomates avec ceux de mangue et le reste de la vinaigrette, parsemez ces dés sur la salade (gardez-en la valeur d'une cuillerée à soupe pour la décoration finale).

⑦ Disposez les tranches de daurade sur cette salade, parsemez-les du reste des dés de tomates et de mangue et de petites pluches de fenouil.

Christophe Cussac

« La Réserve de Beaulieu »
(Beaulieu-Sur-Mer, Alpes-Maritimes)

Haut lieu de la Riviera par la beauté de son site, *La Réserve de Beaulieu*, fondée en 1880, est devenue également une de ces grandes étapes gastronomiques auxquelles s'attache le prestige d'une longue histoire. Ce superbe restaurant, dirigé par Nicole et Jean-Claude Delion, peut s'enorgueillir de son chef, Christophe Cussac qui, depuis 1997, règne sur les cuisines après avoir longtemps exercé ses talents en Bourgogne. Il était donc tout désigné pour nous parler du raisin et de ses secrets.

Le raisin

• Le raisin qui donne le meilleur vin n'est pas forcément bon à déguster comme raisin de table. Celui destiné à la fermentation doit avoir des grains serrés, juteux, indispensables pour obtenir des moûts de qualité, alors que le raisin de table présente des grappes aux grains lourds et espacés.

• Le raisin est connu depuis la préhistoire. Très vite, les hommes ont compris tout le parti qu'ils pouvaient en tirer. À côté de l'art de la fermentation, les Grecs et les Romains connaissaient également celui de faire sécher certains raisins en provenance du Moyen-Orient ou d'Espagne.

• Pour avoir un raisin savoureux, choisissez-le à bonne maturité car, une fois la grappe coupée, il ne mûrit plus. En revanche, trop mûr, les grains s'amollissent et se détachent.

• Ils doivent, donc, être fermes, d'égale grosseur, régulièrement espacés, d'une coloration la plus uniforme possible avec une légère « pruine ». Cette substance blanche qui les recouvre est signe de leur fraîcheur. La rafle ou tige doit être souple et verte.

• En raisin blanc, je vous recommande une appellation d'origine contrôlée, le chasselas de Moissac, merveilleux de finesse. En raisin noir, le muscat de Hambourg, à la saveur musquée.

• Quant au verjus, sachez qu'il est le jus de petits raisins verts privés de soleil qui ne mûrissent jamais. Il sert essentiellement comme condiment ou ingrédient pour les sauces.

Mes beignets de raisins

Le raisin intervient dans de nombreuses préparations salées et sucrées. Il se marie à la volaille, aux abats comme le foie de veau, le foie gras... Et au gibier comme la délicieuse et originale recette de raisins muscat frits que je vous recommande.

> 500 g de raisin • 2 cuil. à soupe de marc • 200 g de mie de pain rassise • 1 œuf • 1 cuil. à soupe d'huile d'arachide • 200 g de farine, sel

• Pelez de gros grains de raisin muscat et retirez les pépins. Mettez-les à macérer 5 à 10 minutes dans 2 cuillerées à soupe de marc.

• Mettez de la mie de pain dans un plat. Dans un autre, battez 1 œuf entier avec 1 cuillerée à soupe d'huile d'arachide et 1 pincée de sel jusqu'à ce que ce mélange mousse. Mettez un peu de farine dans un autre plat.

• À l'aide de 2 fourchettes, roulez délicatement chaque grain de raisin dans la farine, puis l'œuf et pour finir dans la mie de pain. Déposez les grains de raisin délicatement dans une assiette.

• Plongez les raisins dans une friture à 180 °C. Retirez-les dès qu'ils sont bien dorés.

• Servez-les surtout en garniture de gibier à plumes. Avec une faisane ou un perdreau rôtis, c'est un régal.

Court-bouillon safrané
de grosses crevettes au raisin

Pour 4 personnes

1 petite grappe de raisin noir • 1 grosse grappe de raisin blanc • 1/4 de poivron rouge • 1/4 de poivron vert • 1/2 citron • 8 pistils de safran • 10 g de beurre • 16 grosses crevettes cuites • 1 petit bouquet d'estragon • 1 petit bouquet de persil plat • sel et poivre

1 moulin à légumes • 1 chinois

① Lavez 500 g de grains de raisin blanc, puis pressez-les au moulin à légumes afin d'obtenir environ 40 cl de jus de raisin. Passez le jus au chinois pour retirer les pépins et les peaux éventuels.

② Pelez les poivrons après les avoir passés sur une flamme, égrenez-les et coupez-les en petits dés. Pressez le demi-citron.

③ Versez le jus de raisin dans une casserole, ajoutez le jus du demi-citron, les dés de poivron rouge et vert, et les pistils de safran. Portez à ébullition. Au premier bouillon, baissez le feu pour obtenir un léger frémissement, écumez la mousse en surface et montez ce jus au fouet avec le beurre bien froid coupé en morceaux. Assaisonnez : salez légèrement, relevez bien en poivre, mélangez.

④ Lavez 20 grains de raisin noir. Décortiquez les crevettes cuites. Ajoutez au court-bouillon les grains de raisin noir, les grosses crevettes, 1 cuillerée à soupe de feuilles d'estragon et faites chauffer à frémissements juste le temps que les crevettes soient chaudes.

⑤ Mettez le raisin et les crevettes dans une assiette à soupe, ajoutez 1 ou 2 louches de bouillon, parsemez de pluches de persil plat et servez.

Cailles aux grains de raisin et aux pignons de pin

Pour 4 personnes

4 cailles (de 300 g chacune) • 40 grains de gros raisin blanc • 25 g de beurre • 2 cuil. à soupe de cognac • 4 cuil. à soupe d'eau • 2 à 3 grains de poivre noir concassé • 6 g de pignons de pin • 1 bouquet de persil plat • sel et poivre

1 cocotte allant au four

① Demandez à votre volailler de vider et de brider les cailles. Salez et poivrez l'intérieur et l'extérieur des cailles. Préchauffez le four à 200 °C (thermostat 6).

② Faites fondre le beurre dans une cocotte. Lorsqu'il devient noisette, faites-y colorer les cailles sur toutes les faces. Quand elles sont bien dorées, glissez-les dans le four pendant environ 10 minutes. Sortez-les du four, déposez-les dans une assiette sur la poitrine (ainsi tous les sucs qui sont dans la carcasse se répartissent dans la poitrine qui est plus sèche). Assaisonnez à nouveau.

③ Pelez et épépinez les grains de raisin. Remettez la cocotte sur feu doux et roulez le raisin dans le beurre de cuisson des cailles, augmentez ensuite le feu pour obtenir une légère caramélisation. Versez le cognac pour déglacer, puis 4 cuillerées à soupe d'eau, raclez bien tous les sucs et faites réduire de moitié. Mettez le poivre noir concassé dans le jus réduit.

④ Débridez les cailles. Faites dorer les pignons de pin sous le gril du four.

⑤ Faites le dressage : disposez les cailles dans un plat, répartissez les raisins et la sauce tout autour, parsemez de pignons de pin et de pluches de persil. Servez aussitôt.

Risotto crémeux aux raisins de Corinthe

Pour 4 personnes

30 g de raisins de Corinthe • 2 à 3 cuil. à soupe de rhum • 1 orange non traitée • 40 cl de lait • 20 cl de crème fraîche liquide • 125 g de riz rond • 2 feuilles de laurier • 60 g de sucre semoule • 50 g de crème fouettée non sucrée

① Goûtez les grains de raisin sec avant de les cuisiner ; s'ils ont un goût de poussière, rincez-les sous l'eau froide et égouttez-les. Faites-les macérer dans le rhum pendant 15 minutes.

② Prélevez 3 zestes de l'orange avec un économe, lavez-les, puis hachez-les très fin.

③ Passez une casserole d'eau sous l'eau froide, égouttez-la sans l'essuyer, versez-y le lait, la crème fraîche, le riz, le laurier, les zestes d'orange et les raisins. Portez à ébullition en remuant.

④ Dès l'ébullition, diminuez la température et faites cuire le risotto à frémissements pendant 15 minutes en remuant régulièrement et en raclant bien le fond de la casserole.

⑤ Vérifiez que le riz est cuit et prolongez la cuisson si nécessaire. Ajoutez le sucre semoule et mélangez sur feu doux encore 1 minute. Hors du feu, incorporez délicatement la crème fouettée. Servez ce dessert chaud dans le plat de cuisson.

Granité de raisin au vin rouge

Pour 4 personnes

850 g de raisin rouge • 1 grappe de raisin blanc • 1 orange non traitée • 1 citron • 1/2 bouteille de vin rouge corsé • 200 g de sucre semoule • 10 cl de crème de cassis • 1 bouquet de menthe fraîche

1 moulin à légumes • 1 chinois • 4 coupes individuelles

① Lavez l'orange et prélevez les zestes (6 ou 7) avec un économe. Pressez le citron.

② Versez le vin rouge dans une casserole, faites-le bouillir et, à ébullition, flambez-le pour retirer l'acidité. Dès que le flambage est terminé, ajoutez, sur feu doux, le sucre semoule et les zestes de l'orange, donnez un bouillon et laissez ensuite infuser, hors du feu, pendant 1 minute. Ajoutez ensuite le jus de citron, 1 cuillerée à café de crème de cassis et mélangez.

③ Lavez le raisin rouge et pressez les grains au moulin à légumes pour obtenir environ 1/2 litre de jus. Passez ce jus au chinois pour retirer les peaux ou les pépins éventuels.

④ Versez le jus de raisin dans le vin rouge et entreposez pendant 4 à 5 heures au congélateur. Entreposez également les coupes, qui serviront au dressage du granité, au congélateur pendant 1 ou 2 heures.

⑤ Prélevez 32 grains de raisin blanc, pelez-les, épépinez-les, puis recouvrez-les de la crème de cassis restante. Entreposez-les au réfrigérateur pendant 1/2 heure à 1 heure.

⑥ Faites le dressage : sortez le granité du congélateur, grattez les paillettes du granité avec une fourchette . Garnissez les coupes de ces paillettes, mettez 8 grains de raisin dans chaque coupe, nappez-les de 1 ou 2 cuillerées à soupe de crème de cassis où ont macéré les raisins. Décorez avec quelques feuilles de menthe. Servez rapidement.

Philippe Legendre

« Taillevent »
(Paris, VIIIe)

L e *Taillevent* de mon ami Jean-Claude Vrinat incarne la grande restau-
ration parisienne de tradition. Cet homme qui, dans sa maison, a l'œil
à tout, n'a pas son pareil pour dénicher le chef d'exception capable de maintenir l'esprit des lieux tout en l'adaptant à la modernité. C'est le cas de
Philippe Legendre, consacré « Meilleur Ouvrier de France », en 1996, et dont
le savoir-faire n'a d'égal qu'une exigence absolue de la qualité alliée à un
sens aigu de l'authenticité. Pas de fioritures inutiles ! De la cuisine vraie !
Avec moi, il va préparer le veau.

Le veau

• Le plus succulent est le veau de lait, « élevé sous la mère », qui n'a jamais brouté l'herbe. Sa viande rose, très pâle, est délicate, tendre à souhait et sa graisse d'un blanc satiné. Le broutard est un veau moins jeune, qui a mangé de l'herbe. Il reste bien meilleur que le triste veau de batterie, blanchâtre.
• Pour acheter votre viande, questionnez votre boucher. Sachez qu'une viande de bonne qualité gardera à la cuisson son volume et la finesse de son grain. À l'inverse, une viande médiocre rendra de l'eau et rétrécira parfois de moitié.
• Pour rôtir, utilisez de préférence le carré, la longe ou le quasi de veau d'un goût plus prononcé. Choisissez les petites pièces à griller ou à poêler dans la noix, la sous-noix et la noix pâtissière. Pour la blanquette, utilisez le collier, l'épaule, la poitrine, le jarret, le tendron. Quant à la tête de veau, je dois vous avouer que j'ai un faible pour elle !

▶ Le tour de main de Robuchon

Pour cuisiner des côtes de veau, prenez des côtes, avec tous leurs os et gras, et surtout bien épaisses, de 8 cm par exemple. Pour les poêler, utilisez un poêlon ou un plat à sauter plutôt qu'une poêle, et comptez 25 minutes de cuisson à feu doux.
Comme toute viande épaisse poêlée ou rôtie, il est impératif de la laisser reposer une dizaine de minutes avant de la trancher, pour que le jus se répartisse mieux à l'intérieur de la viande. Posez une petite assiette à l'envers sur une grande assiette et placez la viande sur l'assiette retournée : cette plate-forme légèrement surélevée facilite la circulation de l'air. En respectant ce principe, le jus se répartit régulièrement à travers les fibres, la cuisson est uniforme à la coupe, la viande est alors plus tendre et savoureuse.

Salade de mâche et de ris de veau

Pour 2 personnes

2 ris de veau de 200 g • 100 g de mâche • 10 cl de jus de veau • 15 cl d'huile d'arachide • 1,5 cuil. à soupe de vinaigre de xérès • 1 cuil. à soupe de vermouth • 2 cuil. à soupe d'huile d'olive • 1 branche d'estragon • 1 botte de ciboulette • 1 botte de cerfeuil • 50 g de beurre • sel et poivre

1 mixeur

① Avant de cuisiner les ris de veau, faites-les tremper dans de l'eau glacée 24 heures au réfrigérateur. Renouvelez l'eau de temps en temps.

② Plongez les ris de veau dans une casserole d'eau froide salée, faites-les blanchir à frémissements pendant 3 à 4 minutes en écumant régulièrement. Rafraîchissez ensuite les ris de veau dans de l'eau glacée.

③ Faites tiédir le jus de veau, émulsionnez-le au mixeur avec 10 cl d'huile d'arachide, 1/2 cuillerée à soupe de vinaigre de xérès et le vermouth. Poivrez et maintenez au chaud.

④ Préparez la vinaigrette : dans un récipient, mettez une pincée de sel, un peu de poivre, 1 cuillerée à soupe de vinaigre de xérès et mélangez. Incorporez ensuite 2 cuillerées à soupe d'huile d'arachide et 2 cuillerées à soupe d'huile d'olive.

⑤ Coupez les noix de ris de veau en tranches, comptez 5 tranches par noix. Salez-les et poivrez-les de chaque côté. Faites fondre le beurre dans une poêle ; dès qu'il est noisette, poêlez les tranches de ris de veau et faites-les dorer de chaque côté. Les ris de veau doivent rester moelleux. Réservez-les au chaud en retournant une assiette dessus.

⑥ Nettoyez les 100 g de mâche. Lavez les herbes et hachez-les séparément. Préparez la salade : versez la vinaigrette sur la mâche, ajoutez 1/2 cuillerée à soupe d'estragon haché, 1 cuillerée à soupe de ciboulette hachée et mélangez bien.

⑦ Dressez la salade au centre du plat, disposez les tranches de ris de veau tout autour, nappez-les de la moitié de la sauce et parsemez-les d'un peu de cerfeuil haché. Ajoutez le reste de cerfeuil haché dans le reste de la sauce et servez-la en saucière.

Côtes de veau au petit-lait

Pour 2 personnes

2 côtes de veau de 220 g (avec l'os) • 100 g de farine • 1 filet d'huile d'arachide • 70 g de beurre •
15 cl de crème fraîche liquide • 50 g de lait concentré en boîte • 2 cuil. à soupe de yaourt au lait entier
• 1 trait de vinaigre de xérès • sel et poivre

1 poêlon allant au four • 1 chinois

① Assaisonnez et farinez les côtes de veau de chaque côté. Préchauffez
le four à 180 °C (thermostat 5).

② Faites chauffer dans un poêlon 1/2 cuillerée à soupe d'huile d'arachide et 50 g de beurre. Lorsque le beurre a une jolie couleur blonde, disposez délicatement les côtes de veau dans le poêlon et faites-les dorer
des 2 côtés sur feu doux pour ne pas dessécher la viande. Quand elles
sont bien dorées, enfournez le poêlon et poursuivez la cuisson pendant
10 minutes, en les arrosant régulièrement tout au long de la cuisson.

③ Lorsque les côtes sont cuites, disposez-les sur une petite assiette
retournée sur une plus grande, maintenez-les au chaud en les couvrant
d'une feuille d'aluminium et laissez-les reposer pendant 5 à 6 minutes.
(Cette plate-forme légèrement surélevée facilite la circulation de l'air
tout autour de la viande, ce qui favorise une meilleure répartition du jus
à l'intérieur.)

④ Dégraissez les 3/4 de la cocotte, puis déglacez-la avec un petit verre
d'eau, grattez bien les sucs avec un fouet et portez à ébullition. Versez
la crème, portez à nouveau à ébullition, tout en mélangeant bien et laissez réduire ; lorsque les bulles deviennent petites, la réduction est faite.
Ajoutez ensuite le lait concentré, laissez bouillir 1 minute, toujours en
mélangeant bien au fouet, puis retirez du feu.

⑤ Sur feu éteint, versez le yaourt, mélangez et incorporez 20 g de beurre.
Assaisonnez cette sauce, ajoutez 1 trait de vinaigre de xérès, le jus rendu
par les côtes de veau sur assiette, mélangez puis passez cette sauce au
chinois.

⑥ Dressez les côtes de veau sur un plat de service, versez la sauce tout
autour et servez.

Grenadins de veau aux carottes

Pour 4 personnes

4 grenadins de veau de 140 g • 600 g de carottes
• 1 échalote • 3 gousses d'ail • 80 g de beurre •
3 pincées de sucre en poudre • 1 brindille de thym
frais • 1 zeste d'orange • 25 cl de bouillon de
volaille • 1 filet d'huile d'arachide • 1 bouquet de
persil plat • 10 cl de vin blanc • sel et poivre

1 cocotte et son couvercle allant au four

① Demandez à votre boucher de ficeler les grenadins. (Le grenadin est un médaillon de veau pris dans la longe, la noix ou la noix pâtissière.)

② Épluchez les carottes et coupez-les en rondelles de 2 à 3 mm d'épaisseur. Pelez les gousses d'ail. Pelez et hachez l'échalote. Faites-la cuire sans coloration dans une cocotte, avec 30 g de beurre et une pointe de sel. Lorsque l'échalote est fondue, ajoutez les carottes en les enrobant bien du beurre et de l'échalote. Ajoutez 3 pincées de sucre, les gousses d'ail, le zeste d'orange et le thym frais. Salez, mélangez et mouillez avec le bouillon de volaille, couvrez à hauteur et portez à ébullition.

③ Préchauffez le four à 180 °C (thermostat 5). Découpez un cercle de papier sulfurisé du même diamètre que la cocotte, faites des petits encoches dedans, puis posez-le sur les carottes, ainsi le liquide va pouvoir s'évaporer et les carottes ne vont pas colorer. Lorsque le bouillon est à ébullition, posez (en plus du cercle sulfurisé) un couvercle sur la cocotte et mettez-la au four pendant 1/2 heure.

④ Au bout d'1/2 heure de cuisson, les carottes sont fondantes, retirez le papier sulfurisé, remettez le couvercle et maintenez-les au chaud.

⑤ Assaisonnez les grenadins de veau des 2 côtés. Faites chauffer dans une sauteuse 1 petite cuillerée à soupe d'huile d'arachide avec 50 g de beurre (l'huile empêche le beurre de brûler), puis disposez les grenadins et faites-les cuire pendant 10 minutes environ à feu doux en les arrosant régulièrement. Retournez-les pendant la cuisson.

⑥ Quand les grenadins sont cuits, déposez-les sur une grille, laissez-les reposer 5 à 10 minutes. Déglacez le gras de cuisson des grenadins avec le vin blanc, détachez bien tous les sucs, portez à ébullition et laissez réduire la sauce de 2/3.

⑦ Retirez la ficelle des grenadins. Retirez le zeste d'orange et la branche de thym des carottes, ajoutez-y 1 cuillerée à soupe de persil plat haché et mélangez. Disposez les grenadins de veau sur les carottes, nappez de la sauce et servez en cocotte.

Poêlée de rognons de veau aux cèpes

Pour 2 personnes

2 petits rognons de veau dégraissés • 500 g de cèpes • 100 g de mayonnaise • 2 cuil. à café de vinaigre de vin • 1/2 botte de ciboulette • 2 cuil. à soupe d'huile d'arachide • 6 noisettes de beurre • 1 échalote • 2 gousses d'ail • 1 petit bouquet de persil plat • sel et poivre

1 mixeur

① Lavez 100 g de cèpes en les passant sous l'eau. Coupez-les en petits dés et mixez-les avec 10 cl d'eau. Ajoutez la mayonnaise, mélangez, puis versez le vinaigre de vin, salez, poivrez, et mixez à nouveau. Ajoutez 1 cuillerée à soupe de ciboulette ciselée très finement et mixez encore. La sauce est prête, réservez-la.

② Lavez les 400 g de cèpes restants, essuyez-les et coupez les têtes en 2. Faites chauffer 1 bonne cuillerée à soupe d'huile d'arachide dans une poêle. Quand l'huile est chaude, faites-y saisir les cèpes sur feu pas trop fort pendant 10 minutes environ. Quand ils sont bien colorés, assaisonnez-les, puis égouttez-les dans une passoire.

③ Coupez les rognons en 8, assaisonnez-les de sel et de poivre de chaque côté. Chauffez dans une poêle un filet d'huile d'arachide avec 5 noisettes de beurre, déposez ensuite les rognons et faites-les dorer de chaque côté. Lorsque les rognons sont cuits, pas trop pour qu'ils restent rosés à l'intérieur, disposez-les sur une grille.

④ Pelez et hachez l'échalote. Pelez les gousses d'ail. Dans une cocotte, faites cuire la valeur d'1 cuillerée à soupe d'échalote avec une petite noisette de beurre et une pincée de sel. Ajoutez ensuite les cèpes, toujours sur feu doux, avec les gousses d'ail. Lorsque les cèpes sont chauds et qu'ils se sont bien imbibés du parfum de l'ail et des échalotes, ajoutez les rognons.

⑤ Lavez et hachez le persil plat. Dès que les rognons sont chauds, ajoutez 1 cuillerée à soupe de persil plat haché, mélangez, retirez les 2 gousses d'ail et servez cette poêlée de rognons de veau aux cèpes accompagnée de la sauce cèpe-mayonnaise.

Gilles Bajolle

« Taillevent »
(Paris, VIIIᵉ)

Pas de grand repas sans bon dessert. Mon ami Jean-Claude Vrinat du *Taillevent*, à Paris, l'a bien compris puisqu'il s'est attaché les services d'un pâtissier hors pair, Gilles Bajolle, qui a su renouveler l'art exquis des fins de déjeuner ou de dîner. Le simple énoncé de certaines de ses spécialités fait rêver les gourmands : moelleux au chocolat et au thym, cassolette de fruits rouges aux arômes de fleurs séchées… Il n'a pas son pareil pour inventer d'épatants desserts à base de poire que nous allons vous présenter ensemble.

La poire

- Au XVIᵉ siècle, l'agronome français Olivier de Serres faisait l'éloge de ce fruit déjà apprécié des Romains pour ses qualités rafraîchissantes et gustatives. De tous les fruits, la poire est celui qui désaltère le mieux.
- On la trouve toute l'année mais la pleine saison se situe à l'automne.
- La poire doit être d'une taille moyenne, lourde en main, souple au toucher au niveau de la tige. Sans taches ni coups, elle doit exhaler des arômes d'épices et de fleurs.
- Je vous recommande la comice, extrêmement juteuse et tendre, à la saveur puissante et sucrée ; la conférence d'une ligne plus fuselée, idéale à cuisiner ; la williams appelée aussi « bon chrétien » à la peau jaune d'or teintée parfois de rouge d'automne.
- J'évite les fruits fragiles comme la beurré-hardy, la doyenné-du-comice.
- Une fois mûre, la poire est un fruit qui se conserve difficilement.
- Attention ! Une chair meurtrie devient vite blette.

► Le tour de main de Robuchon

Mon coulis de poire

Le coulis accompagne nombre de desserts et entremets.

380 g de poires au sirop • 28 cl de leur sirop • 1 gousse de vanille • 1 étoile de badiane • 6 g de grains de poivre noir • 1 bâton de cannelle • 2 zestes de citron • 2 zestes d'orange • 2 cuil. à soupe d'eau-de-vie de poire

1 mixeur

• Prenez des poires au sirop, en conserve de préférence, car, contrairement à des idées reçues, elles ont plus de saveur pour cette recette. Coupez les poires en morceaux pour en obtenir 380 g. Versez le sirop dans une casserole, portez-le à ébullition et retirez du feu.

• Coupez la gousse de vanille en 2 et récupérez les graines avec la pointe d'un couteau. Hors du feu, ajoutez-les dans le sirop avec la gousse, ainsi que l'anis étoilé, les grains de poivre, la cannelle et les zestes de citron et d'orange. Couvrez et laissez infuser, toujours hors du feu, pendant 15 minutes environ.

• Passez le sirop à travers une passoire dans le bol du mixeur. Ajoutez les poires ainsi que 2 cuillerées à soupe d'eau-de-vie de poire et mixez en émulsionnant bien.

Servez ce coulis avec une charlotte ou des poires caramélisées, c'est une pure gourmandise.

Poires rôties aux épices

Pour 4 personnes

4 poires Williams • 1 gousse de vanille • 1 citron • 2 g de gingembre frais coupé en petits dés • 65 g de miel (de tilleul de préférence) • 400 g de sucre semoule • 2 g de cannelle en bâton • 1 étoile de badiane • 6 grains de poivre • 1 pincée de cannelle en poudre • 12 cl de crème fraîche liquide • 1 cuil. à soupe d'eau-de-vie de poire • 1 litre d'eau

① Coupez la gousse de vanille en 2. Prélevez 3 zestes du citron. Versez 1 litre d'eau dans une casserole, ajoutez le sucre, 25 g de miel, la gousse de vanille, le bâton de cannelle, la badiane, les grains de poivre, 2 cuillerées à café de dés de gingembre, les zestes du citron, couvrez et portez à ébullition.

② Épluchez les poires, sans retirer les queues et, avec un économe, évidez-les poires par le dessous. Puis frottez-les bien avec le citron coupé en 2.

③ Dès que le sirop est à ébullition, plongez-y les poires, laissez-les cuire à couvert pendant 15 à 20 minutes à faible ébullition. Piquez-les pour vérifier leur cuisson, elles doivent être tendres. Laissez-les refroidir à découvert dans le sirop. Lorsqu'elles sont froides, égouttez-les et conservez une louche du jus de cuisson.

④ Émulsionnez la crème fraîche liquide bien froide dans un récipient glacé. Ne faites pas trop monter la crème, elle doit juste devenir crémeuse et onctueuse.

⑤ Faites chauffer le reste du miel dans une poêle antiadhésive, ajoutez une louche du jus de cuisson des poires, disposez les poires délicatement et faites-les glacer et colorer légèrement en les enrobant du jus. Dressez-les dans des coupes individuelles.

⑥ Ajoutez dans la poêle la crème battue et la poudre de cannelle, faites réduire jusqu'à ce que cette sauce soit bien onctueuse. Ajoutez alors 1 bonne cuillerée à soupe d'eau-de-vie de poire. Nappez les poires et servez immédiatement bien chaud.

Vous pouvez accompagner ce dessert de glace à la vanille ou d'un sorbet à la poire.

Streusel aux poires

Pour 4 personnes

4 poires Williams bien mûres • 35 g de beurre •
70 g de sucre semoule • 20 g de sucre vanillé • 10 g
de poudre d'amandes • 50 g de farine • 1 pincée
de cannelle en poudre • 1 citron • 1 cuil. à soupe
d'eau-de-vie de poire • 20 g de sucre glace • sel
et poivre

4 ramequins allant au four

① Mélangez en sablant (en écrasant et en malaxant) du bout des doigts
le beurre coupé en petits dés avec 30 g de sucre semoule, 10 g de sucre
vanillé, la poudre d'amandes, la farine, la cannelle et 1 pincée de sel.
Ne mélangez pas trop, la pâte ne doit pas être homogène. Réservez ce
streusel au réfrigérateur.

② Préchauffez le four à 210 °C (thermostat 6-7). Épluchez les poires et
coupez-les en dés de 1 cm. Pressez 1/2 citron. Mettez les dés de poire
dans un récipient, ajoutez 40 g de sucre et 10 g de sucre vanillé, mélangez. Ajoutez ensuite le jus de citron, l'eau-de-vie de poire, 1 pincée de
poivre moulu et mélangez bien le tout.

③ Répartissez les dés de poire et le jus dans 4 ramequins, saupoudrez
du streusel. Enfournez et laissez cuire pendant 15 minutes, jusqu'à ce
que le streusel soit bien coloré.

④ La cuisson terminée, sortez les ramequins du four, attendez 1/4
d'heure que le streusel tiédisse, saupoudrez-les de sucre glace (trop
tôt le sucre glace fondrait) et dégustez tiède.

Poirat

Pour 4 personnes

4 poires Williams • 1 citron • 50 g de sucre vanillé • 5 cuil. à soupe d'eau-de-vie de poire • 400 g de pâte sucrée ou brisée • 1 œuf • 40 g de poudre d'amandes • sel et poivre • farine pour le plan de travail

① Épluchez les poires et coupez la chair en dés de 1 cm. Pressez le citron. Mettez les dés de poire dans un récipient, ajoutez le jus de citron, le sucre vanillé, 4 cuillerées à soupe d'eau-de-vie et quelques tours de moulin à poivre. Réservez au réfrigérateur.

② Séparez la pâte en 2 parties inégales (1/3, 2/3 environ). Farinez le plan de travail et préparez 2 abaisses de 3 mm d'épaisseur environ. La première abaisse doit avoir un diamètre de 2 cm supérieur à celui de la seconde. S'il vous reste des chutes de pâte, vous pouvez faire de petites feuilles qui serviront à la décoration du poirat (facultatif).

③ Préparez la dorure : dans un bol, battez à la fourchette 1 pincée de sel avec l'œuf entier.

④ Préchauffez le four à 210 °C (thermostat 6-7). Posez la plus petite abaisse sur la plaque de four. Parsemez-la de la poudre d'amandes (qui absorbera le jus de cuisson des poires). Étalez ensuite les dés de poire légèrement égouttés en laissant autour un bord libre de 1 cm. Passez la dorure sur ce bord libre.

⑤ Posez la grande abaisse par-dessus, faites adhérer les bords en les pressant avec les doigts, puis chiquetez-les (c'est-à-dire appuyez légèrement sur les bords de la pâte avec le dos de la lame d'un couteau et remontez vers l'intérieur, comme pour faire une virgule).

⑥ Passez la dorure sur la surface du poirat et les petites feuilles de pâte, déposez-les harmonieusement dessus. Faites au centre une cheminée avec un petit cylindre de feuille d'aluminium qui servira à l'évacuation de la vapeur pendant la cuisson.

⑦ Mettez le poirat au four pendant 15 à 20 minutes. Lorsque le poirat est cuit, retirez la cheminée en aluminium, versez une bonne cuillerée à café d'eau-de-vie de poire dans la cheminée et dégustez tiède.

Poires pochées au vin rouge et au cassis

Pour 4 personnes

8 poires (comice) • 1 gousse de vanille • 1/2 l d'eau • 350 g de sucre semoule • 2 g de cannelle en bâton • 1 citron • 50 g de pulpe de cassis • 1 orange • 1/2 bouteille de bourgogne rouge • 1 cuil. à soupe de crème de cassis

① Fendez la gousse de vanille en 2. Versez 1/2 litre d'eau dans une casserole, ajoutez le sucre semoule, la cannelle et la gousse de vanille. Couvrez et portez à ébullition.

② Coupez le citron en 2. Épluchez les poires, frottez-les avec le demi-citron. Plongez-les dans le sirop, couvrez et faites cuire à faible ébullition pendant 15 minutes. Piquez les poires pour vérifier leur cuisson, elles doivent être tendres et encore fermes.

③ Lavez et coupez l'orange en rondelles. Détendez la pulpe de cassis avec un peu de sirop de cuisson des poires, puis versez cette pulpe sur les poires. Ajoutez également la demi-bouteille de bourgogne et les rondelles d'orange. Couvrez, donnez une ébullition, retirez du feu et laissez refroidir toujours à couvert.

④ Lorsque les poires sont refroidies, mettez-les au réfrigérateur pendant 24 heures. Au moment de servir, versez 1 bonne cuillerée à soupe de crème de cassis sur les poires.

Dominique Tougne

En Amérique, question gastronomie, tout se passe aujourd'hui à Chicago où Dominique Tougne est en train de faire un malheur au *Bistro 110*. Il faut dire qu'il n'a guère son pareil pour adapter son savoir très français à des usages culinaires apparemment aussi différents des nôtres que ceux des Américains. Mais la magie opère et, dans cette métropole gigantesque où, à la fin du siècle dernier, est né le gratte-ciel, symbole du Nouveau Monde, le chef du *Bistro 110* initie ses clients aux charmes de la cuisine à l'européenne. Ce qui ne l'empêche pas d'apprécier, voire de réhabiliter des mets dont les origines sont liées à l'histoire même du pays. Ainsi en est-il du hamburger.

Le hamburger

• Ce sont les Allemands immigrés qui l'introduisirent outre-Atlantique et furent à l'origine du bœuf grillé « à la mode de Hambourg ». Comme notre pan-bagnat, le hamburger est un véritable repas à lui tout seul.

• Aux États-Unis, le hamburger est devenu un bifteck haché, rond et épais, qui constitue l'élément de base des barbecues américains. La viande est glissée entre deux tranches de pain rond avec de la salade et des tomates.

• Le hamburger peut être agrémenté d'oignons, de fromage, de moutarde, de raifort, de cornichons et de sauces diverses.

• Il a été rendu populaire par les fast-foods qui, à défaut de qualité, lui ont apporté la gloire, surtout auprès des jeunes. Et, après tout ! pourquoi ne pas l'aimer, si l'art du chef lui restitue tous ses mérites perdus ?

▶ Le tour de main de Robuchon

Pour hacher la viande, vous avez deux possibilités : le hachoir ou le couteau. L'avantage de la taille au couteau est que vous pouvez choisir votre morceau de viande ainsi que sa texture. De plus, ce qui n'est pas négligeable, votre viande hachée sera plus savoureuse car elle ne sera pas compressée dans le hachoir.

Pour hacher votre viande, commencez par couper la viande en fines tranches, puis ces tranches en fines lanières. Taillez ensuite ces fines lanières dans l'autre sens et coupez-les en tout petits morceaux. Finissez le tartare en hachant ces morceaux au couteau et façonnez la viande en boule. Sachez que les véritables gastronomes, les initiés, exigent pour le steak tartare la viande hachée au couteau et que, selon les puristes, il ne se prépare pas avec de la viande de bœuf mais avec de la viande de cheval. Mais attention ! Au hachoir ou au couteau, la viande hachée crue doit toujours être consommée dans les heures qui suivent le hachage.

Hamburger classique

Pour 1 personne

180 g de bœuf haché • 1 petit pain brioché • 50 g de beurre ramolli • 1 cuil. à soupe d'huile d'arachide • 4 cuil. à soupe de mayonnaise • 1 cuil. à café de raifort • 2 feuilles de laitue • 1 tomate • 1 oignon rouge • 1 cornichon à la russe (malossol) • ketchup • sel et poivre

① Coupez le pain en 2. À l'aide d'un pinceau ou d'un petit couteau, étalez le beurre ramolli sur les 2 parties coupées du pain. Faites colorer ces tranches de pain, côté beurré, dans une poêle antiadhésive.

② Assaisonnez de sel et de poivre le steak haché des 2 côtés. Faites chauffer l'huile d'arachide dans une poêle, quand elle est chaude, faites cuire le steak selon votre goût (saignant, à point, ou bien cuit). Une fois cuit, réservez le steak sur assiette.

③ Lavez la laitue et la tomate. Coupez l'oignon, la tomate et le cornichon en rondelles. Mélangez la mayonnaise avec le raifort.

④ Préparez le hamburger : posez sur la base du pain brioché tiède 1 feuille de laitue, 1 rondelle de tomate et 1 tranche d'oignon. Mettez le steak, puis, à nouveau, 1 tranche d'oignon, 1 rondelle de tomate, 5 ou 6 tranches de cornichon, la dernière feuille de laitue et finissez le hamburger en recouvrant le tout de la partie supérieure du pain brioché.

⑤ Servez ce hamburger avec la sauce mayonnaise-raifort et du ketchup.

Le cornichon à la russe est un cornichon vert de Massy, qui est d'abord mis en saumure puis préparé à l'aigre-doux en le plongeant dans du vinaigre auquel on a ajouté du sucre.

Steak tartare

Pour 2 personnes

300 g de bœuf haché • 1 bouquet de persil plat • 4 anchois • 4 cuil. à café de câpres • 4 petits oignons • 4 cornichons • Tabasco • 2 jaunes d'œufs • sel et poivre

① Lavez le persil plat. Hachez séparément les anchois, les câpres, les oignons, les cornichons et le persil plat.

② Mélangez la viande avec les anchois, les cornichons, la moitié des câpres, la moitié des oignons, la moitié du persil plat (soit 1 cuillerée à soupe), salez, poivrez, ajoutez 3 à 4 gouttes de Tabasco, 2 jaunes d'œufs et mélangez bien.

③ Reconstituez 2 steaks, dressez dans des assiettes, entourez-les du reste des câpres, du persil et des oignons et servez.

Steak haché, œuf à cheval

Pour 1 personne

180 g de bœuf haché • 1 petit bouquet de persil plat • 1 gousse d'ail • 1 cuil. à soupe d'huile d'arachide • 30 g de beurre • 1 œuf • sel et poivre

① Lavez, essorez et hachez le persil plat. Pelez et hachez la gousse d'ail. Ajoutez à la viande hachée, 1 cuillerée à café de persil plat et 1 cuillerée à café d'ail, salez, poivrez et mélangez. Reconstituez le steak.

② Faites chauffer l'huile d'arachide dans une poêle. Quand l'huile est chaude, faites cuire le steak à votre goût (saignant, à point ou bien cuit).

③ Faites fondre 1 grosse noix de beurre dans une petite poêle. Cassez l'œuf dans un ramequin. Quand le beurre est fondu, versez l'œuf dedans, salez et poivrez le blanc de l'œuf. Faites cuire doucement jusqu'à ce que le blanc soit pris et le jaune moelleux.

④ Quand l'œuf est cuit, déposez-le sur le steak haché et servez.

Accompagnez d'une salade mélangée, assaisonnée avec une vinaigrette classique (huile d'arachide, vinaigre de vin, sel et poivre).

Sandwich aux épices de La Nouvelle-Orléans

Pour 1 personne

150 g de bœuf haché • 1,25 cuil. à café de curry • 1/2 cuil. à café de cumin • 1/2 cuil. à café de paprika • 1/2 cuil. à café de poivre de Cayenne • 1 oignon • 1 poivron rouge • 1 noix de beurre • 10 cl de crème fraîche liquide • 1 cuil. à soupe d'huile d'arachide • 2 tranches de pain aux céréales • 3 tomates cerises • 1 petit bouquet de basilic • sel

① Mélangez 1/4 de cuillerée à café de chaque épice (curry, cumin, paprika et poivre de Cayenne). Pelez et hachez l'oignon. Ajoutez à la viande hachée la moitié de l'oignon haché et les épices, salez et mélangez le tout. Reconstituez le steak haché.

② Lavez le poivron et retirez les graines. Sans l'éplucher, coupez-le en tranches de 3 mm environ et salez-les. Faites fondre le beurre dans une poêle. Quand le beurre est fondu, faites cuire les rondelles de poivron pendant 1 minute de chaque côté. Retirez ensuite les rondelles et réservez-les. Conservez le beurre de cuisson dans la poêle.

③ Faites revenir la moitié de l'oignon restante dans le beurre de cuisson du poivron. Lorsque les oignons sont cuits, ajoutez 1/4 de cuillerée à café de cumin, de paprika, de piment de Cayenne et 1 cuillerée à café de curry, mélangez le tout, puis déglacez avec la crème fraîche liquide. La sauce prend alors une belle couleur jaune, laissez-la réduire doucement jusqu'à ce qu'elle devienne onctueuse. Vérifiez l'assaisonnement en sel et maintenez cette sauce aux épices au chaud.

④ Faites chauffer l'huile d'arachide dans une poêle. Quand l'huile est chaude, faites cuire le steak selon votre goût (saignant, à point ou bien cuit). Une fois cuit, réservez le steak sur une assiette.

⑤ Lavez les tomates cerises. Lavez et essorez le basilic. Disposez harmonieusement sur une assiette 3 rondelles de poivron avec les tomates cerises et 3 feuilles de basilic. Posez une tranche de pain aux céréales sur l'assiette, disposez ensuite le steak dessus et nappez-le de la sauce aux épices, garnissez également les rondelles de poivron de cette sauce, posez la dernière tranche de pain légèrement décalée sur le steak. Servez.

Martial Hocquart

« Le Magister »
(Nîmes, Gard)

Martial Hocquart est un cuisinier comme on les aime. Tout à la fois maître de son art, discret et travailleur, il s'est imposé comme le meilleur restaurateur de Nîmes dans son célèbre restaurant *Le Magister*. Son registre culinaire sait jouer avec finesse de toutes les ressources, de toutes les fragrances ensoleillées de la région : herbes de la garrigue, huile d'olive, basilic, coriandre, un soupçon d'ail... Plats simples mais succulents qui, avec une subtile bonhomie, célèbrent la douceur de vivre. Et si, dans son pays, la lotte s'appelle volontiers la « baudroie », le savoir est le même.

La lotte

• La lotte appelée également baudroie est aussi bonne qu'elle est laide à regarder. « Diable de mer » ou « crapaud » sont ses surnoms imagés. Pour cette raison, elle est toujours vendue sans la tête. En fait, la «queue de lotte», c'est tout ce qui n'est pas la tête ! Son tronc lisse est dépourvu d'écailles et sa chair serrée n'a pas d'arêtes.

• Voici quelques indications pour choisir une bonne lotte : sa chair doit être très blanche, légèrement veinée de petits vaisseaux sanguins et sa peau doit avoir une enveloppe très luisante. Et, bien entendu, ne dégager aucune odeur déplaisante !

• Ses filets, de chaque côté de l'épine dorsale, doivent être fermes, rebondis et charnus.

   • Les queues de lottes sont souvent appelées gigots de mer en raison de leur forme.

      • Pour que la lotte exprime au mieux sa texture et sa saveur, plutôt que pochée, personnellement, je la préfère poêlée ou encore mieux rôtie avec l'épine dorsale, comme dans le tour de main que je vais vous présenter.

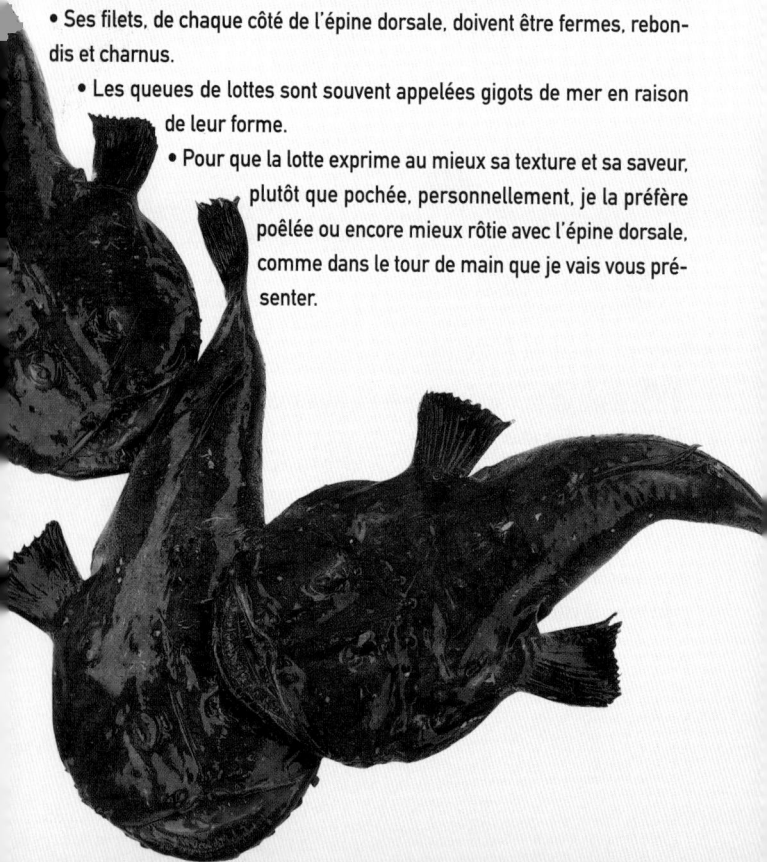

► Le tour de main de Robuchon

Ma lotte au four

Voici une recette aussi délicieuse que simple.

Pour 2 ou 4 personnes :

1 bon tronçon de lotte (de 300 à 500 g environ)
• 5 gousses d'ail • 60 g de beurre • 4 à 5 brindilles de thym • 1 cuil. à soupe de vinaigre de vin

1 cocotte allant au four

• Faites préparer par le poissonnier un bon tronçon de lotte pour 2 à 4 personnes.

• Pelez 2 gousses d'ail, taillez-les en bâtonnets et faites-les blanchir, en les plongeant 30 secondes dans de l'eau bouillante, et égouttez-les. Piquez-les ensuite dans la chair de la lotte. Salez et poivrez la lotte.

• Préchauffez le four à 220-230 °C (thermostat 7-8).

• Mettez le beurre à chauffer dans une cocotte allant au four. Quand il est couleur noisette, ajoutez la lotte avec 2 à 3 gousses d'ail entières. Faites dorer la lotte légèrement sur toutes les faces, ajoutez les brin-dilles de thym et glissez-la dans le four pendant 4 à 5 minutes. Après 5 minutes de cuisson, ajoutez le vinaigre de vin dans le beurre de cuisson et laissez cuire encore 2 minutes.

• Une fois cuite, séparez les filets de lotte de l'épine dorsale, détaillez-les en morceaux et servez avec des petits légumes de printemps ou des petites pommes de terre vapeur.

Baudroie rôtie du marinier

Pour 3 personnes

6 morceaux de lotte de 60 g chacun • 1 poivron rouge • 1/2 oignon • 6 filets d'anchois au sel • 8 olives vertes • 8 olives noires • 8 tomates • 8 feuilles de basilic • 3 cuil. à soupe d'huile d'olive • 1/2 l de vin blanc sec • 20 cl de jus de veau • fleur de sel • sel et poivre

① Lavez le poivron, égrenez-le et hachez-le. Pelez et hachez finement le demi-oignon. Coupez les anchois en petit dés. Dénoyautez les olives et coupez-les en rondelles. Plongez les tomates quelques secondes dans de l'eau bouillante, rafraîchissez-les dans de l'eau glacée, égouttez-les, pelez-les et coupez-les en petits dés. Lavez et hachez les feuilles de basilic.

② Dans un poêlon, faites suer l'oignon dans 1 cuillerée à soupe d'huile d'olive ; dès qu'il commence à être translucide, ajoutez le poivron et mélangez bien. Déglacez avec le vin blanc, portez à ébullition et faites réduire de 2/3. Quand le vin blanc a réduit, versez le jus de veau, portez à ébullition et retirez l'écume pour avoir un fond bien clair. Ajoutez les dés d'anchois, les rondelles d'olives, les dés de tomates et le basilic haché. Au premier frémissement, rectifiez l'assaisonnement et retirez du feu.

③ Assaisonnez de sel et de poivre les morceaux de lotte des 2 côtés. Versez 2 cuillerées à soupe d'huile d'olive dans une poêle ; quand l'huile commence à fumer, déposez-y les médaillons de lotte et faites-les colorer de chaque côté, ce qui prend 3 minutes environ. Réservez les morceaux de lotte sur une grille.

④ Faites le dressage : versez la sauce dans un plat creux, disposez harmonieusement les médaillons de lotte dessus. Mettez une pointe de fleur de sel et de poivre sur chaque morceau de lotte, et servez.

Accompagnez avec du riz de Camargue.

Joues de lotte rôties en salade

Pour 4 personnes

8 joues de lotte • 4 tomates moyennes • 60 g d'olives vertes (picholines de préférence) • 5 cl de jus de crustacés • 1 cuil. à soupe de vinaigre de vin • 4 cuil. à soupe d'huile d'olive • 200 g de pourpier • sel et poivre

1 mixeur

① Plongez les tomates quelques secondes dans de l'eau bouillante, rafraîchissez-les dans de l'eau glacée, égouttez-les et pelez-les. Coupez les tomates en quartiers, retirez les pépins et les cœurs pour ne garder que la chair. Taillez ces quartiers de chair en bâtonnets dans le sens de la longueur.

② Dénoyautez les olives, coupez-les en 2 et taillez-les également en bâtonnets dans le sens de la longueur.

③ Dans un mixeur, versez le jus de crustacés et 1 cuillerée à soupe de vinaigre de vin, salez, poivrez et mixez. Ajoutez ensuite l'huile d'olive, petit à petit, tout en mixant, puis réservez au réfrigérateur.

④ Assaisonnez de sel et de poivre les joues de lotte de chaque côté. Versez un filet d'huile d'olive dans une poêle. Quand l'huile est chaude, disposez-y les joues de lotte et faites-les colorer de chaque côté, elles doivent rester moelleuses. Réservez-les sur une grille.

⑤ Lavez le pourpier et égouttez-le. Assaisonnez-le avec 7 à 8 cuillerées à soupe de la vinaigrette de crustacé, ajoutez les bâtonnets de tomates et d'olives et mélangez bien.

⑥ Dressez la salade au centre d'un plat en forme de dôme. Disposez harmonieusement les joues de lotte encore tièdes tout autour de la salade, entourez d'un cordon de sauce vinaigrette et servez.

Le pourpier est une herbe potagère vivace, cultivée dans le nord de la France et en Belgique, dont les feuilles et jeunes tiges, au goût légèrement piquant, s'utilisent comme des épinards ou des cardons.

Baudroie aux poivrons, sauce tapenade

Pour 2 personnes

240 g de lotte • 1 poivron vert • 1 poivron rouge • 1 poivron jaune • 15 g de tapenade • 5 cl de crème fraîche liquide • 1 filet d'huile d'olive • sel et poivre • fleur de sel

① Dans une casserole, portez la crème fraîche à ébullition, ajoutez-y la tapenade, laissez frémir à petit feu en mélangeant bien, puis poivrez et réservez hors du feu.

② Lavez les poivrons, retirez les pédoncules et les graines. Coupez-les en 4, pelez-les avec un économe, puis émincez-les en fins bâtonnets dans le sens de la longueur.

③ Faites chauffer 5 cl d'huile d'olive dans un poêlon ; quand l'huile est chaude, ajoutez les poivrons, assaisonnez-les, faites-les suer sans coloration, tout en les mélangeant délicatement, sur feu doux, pendant 2 à 3 minutes. Les poivrons doivent rester légèrement croquants.

④ Coupez la lotte en fines tranches. Versez 1 bonne cuillerée à soupe d'huile d'olive dans une poêle ; quand l'huile commence à fumer, déposez-y les tranches de lotte. Dès qu'elles sont cuites, réservez-les sur une assiette et assaisonnez-les de chaque côté de fleur de sel.

⑤ Dressez les poivrons au centre d'un plat de service, versez la sauce tapenade tout autour et disposez les médaillons de baudroie. Servez aussitôt.

Bourride de baudroie à la sétoise

Pour 4 personnes

8 morceaux de baudroie • 4 tomates • 4 gousses d'ail • 4 poireaux • 4 grosses pommes de terre (BF 15) • 3/4 l de fumet de poisson • 1 pincée de pistil de safran • 1 pincée de piment de Cayenne • 8 cl d'huile d'olive • sel

1 mixeur

① Plongez les tomates quelques secondes dans de l'eau bouillante, rafraîchissez-les et pelez-les. Coupez-les en quartiers et retirez les graines. Coupez la chair en petits dés. Pelez et émincez les gousses d'ail. Lavez et coupez les poireaux en sifflet de 1 cm environ (c'est-à-dire en biseau). Pelez et lavez les pommes de terre, émincez-les en rondelles d'1/2 cm d'épaisseur.

② Versez le fumet de poisson dans un poêlon, ajoutez 1 à 2 pincées de pistil de safran, les gousses d'ail, les tomates, et portez à ébullition. Quand le fumet est à ébullition, retirez l'écume, puis plongez les poireaux et faites-les cuire pendant 2 à 3 minutes à frémissements.

③ Au bout de 3 minutes de cuisson, retirez les poireaux et les tomates avec une écumoire et mettez-les dans un plat. Reportez le fumet à ébullition, ajoutez les pommes de terre et faites-les cuire pendant 10 minutes environ à frémissements. Après 10 minutes de cuisson, retirez les pommes de terre avec une écumoire et ajoutez-les dans le plat avec les poireaux et les tomates.

④ Gardez le fumet à frémissements, mettez alors les morceaux de baudroie et faites-les pocher pendant environ 3 minutes. Retirez-les avec l'écumoire et disposez-les sur les pommes de terre. Maintenez le plat au chaud.

⑤ Faites réduire le fumet de poisson de 3/4, ajoutez 1 pincée de poivre de Cayenne. Versez le fumet réduit dans le mixeur, ajoutez l'huile d'olive et émulsionnez avec le mixeur. Rectifiez l'assaisonnement. Nappez les légumes et les morceaux de baudroie de cette sauce et servez.

Jean-Paul Lacombe

« Léon de Lyon »
(Lyon Ier, Rhône)

Lyon, la gourmande, n'a pas son pareil pour glorifier le cochon. Et à Lyon, le restaurant *Léon*, de Jean-Paul Lacombe, presque caché dans la rue Plêney, demeure la meilleure adresse de la ville où le Tout-Lyon a son rond de serviette. Le cadre y est luxueux, chaleureux, cultivé… Quelques beaux objets de collection confortent l'appétit et réjouissent le regard pendant que l'on déguste un brochet de la Dombes ou un cochon de lait et foie gras. Déjeuner ou dîner dans cette ambiance unique est un vrai bonheur. Je suis très heureux d'avoir Jean-Paul Lacombe à mes côtés pour vous présenter le meilleur du cochon.

Le cochon

- Tout se mange dans le cochon, de la tête à la queue en tire-bouchon.
- Une bonne viande de porc se reconnaît à sa texture fine, à sa couleur à peine rosée, avec un gras bien blanc, ferme et sans trace d'humidité, alors qu'une viande sans gras, souvent mouillée, parfois blanchâtre provient d'un porc industriel, donc plus fade.
- Attention ! Une viande sombre, flasque et enrobée de beaucoup de gras mou est celle d'un animal de qualité médiocre.
- Pour le rôtir, achetez les morceaux avec les os, le gras et, si possible, la couenne.
- N'oubliez pas d'ajouter sauge, ail, éventuellement du thym et du romarin car le porc ne saurait s'en passer.
- Délicieux chaud, le rôti de porc est, à mon avis, peut-être encore meilleur froid, à condition que vous ne le fassiez pas séjourner au réfrigérateur, mais qu'il refroidisse doucement à l'air libre, protégé par une feuille d'aluminium.
- Enfin, n'écoutez pas les mauvaises langues ! Oubliez les idées reçues ! Le porc est une viande noble à partir de laquelle on peut préparer une vraie cuisine gourmande.

► Le tour de main de Robuchon

Mon rôti de porc

J'aime le rôti de porc car il évoque à la fois le confort chaleureux de l'automne ou de l'hiver et les arômes de l'été.

Pour 6 personnes :

1 carré de porc de 1,5 kg • 1 gousse d'ail • 15 feuilles de sauge • fleur de thym • gros sel • poivre

• Le jour qui précède la cuisson, commencez par piquer le rôti de bâtonnets d'ail : pelez et coupez la gousse d'ail en 6 ou 8. Avec un couteau, piquez le gras du carré de porc, et glissez un morceau d'ail dans cette fente, renouvelez l'opération autant de fois qu'il y de morceaux d'ail.

• Roulez plusieurs feuilles de sauge entre les paumes des mains pour leur permettre de libérer tout leur arôme. Salez-les et poivrez-les.

• Tournez ensuite le rôti, côté os vers vous et, à l'aide d'un couteau, faites des incisions dans la chair entre les os, puis glissez-y les feuilles de sauge.

• Frottez le rôti de gros sel pour bien le faire pénétrer, poivrez-le, parsemez-le de fleur de thym. Roulez encore quelques feuilles de sauge entre les paumes des mains et posez-les sur le rôti.

• Enveloppez le rôti dans un film étirable et entreposez-le au réfrigérateur. Le sel va maturer la viande et faire ressortir les arômes de l'ail et des herbes.

• Le lendemain, sortez le rôti du réfrigérateur, retirez le film, essuyez le rôti, laissez-le revenir à température ambiante avant de le rôtir ou de le faire cuire dans une cocotte de façon classique : au four à 200 °C (thermostat 6) pendant 1 heure 30.

Jambon blanc en persillé lyonnais

Pour 4 personnes

200 g de jambon blanc (1 tranche épaisse) • 10 g de feuilles de gélatine (4 à 5 feuilles) • 20 g de câpres • 5 échalotes • 60 g de cornichons • 1/2 l de bouillon de volaille • 10 cl de vin blanc • 2 bonnes cuil. à soupe de persil plat haché • 10 cl d'huile d'olive • 2 cuil. à soupe de vinaigre de vin • sel et poivre

Pour la salade d'herbes
1 bouquet de persil plat • 1 bouquet de cresson • 1 bouquet d'estragon • 1 bouquet de ciboulette • 1 bouquet de cerfeuil

1 terrine en porcelaine

① Immergez les feuilles de gélatine dans de l'eau froide et laissez-les ramollir à température ambiante.

② Concassez les câpres, pelez et ciselez les échalotes, hachez les cornichons. Versez dans une casserole le bouillon de volaille et le vin blanc, ajoutez les câpres, 50 g d'échalotes ciselées et les cornichons. Portez à frémissements pendant 10 minutes.

③ Coupez le jambon en dés de 1 cm et mettez-les dans la cocotte avec le bouillon et le vin blanc. Égouttez la gélatine. Hors du feu, ajoutez la gélatine, couvrez et laissez infuser 10 minutes. Au bout de 10 minutes, ajoutez 2 bonnes cuillerées à soupe de persil haché, rectifiez l'assaisonnement, mélangez délicatement.

④ Laissez reposer à température ambiante, le temps que la gelée commence à prendre. Lorsque la gelée commence à prendre, versez cette préparation dans une terrine. Si la gelée n'a pas commencé à prendre avant de la mettre dans la terrine, les ingrédients tombent au fond et ne se répartissent pas. Glissez la terrine pendant 12 heures au réfrigérateur.

⑤ Au moment de servir, démoulez la terrine dans un plat de service. Lavez les herbes et essorez-les. Mettez-les tout autour de la terrine, assaisonnez-les d'une vinaigrette d'huile d'olive et de vinaigre de vin. Servez.

Cette terrine peut se conserver 3 à 4 jours au réfrigérateur.

Saucisson de Lyon, sauce vin rouge

Pour 6 personnes

1 saucisson à cuire de 600 g • 600 g de pommes de terre (Ratte) • 1 poireau • 1 branche de céleri • 1 carotte • 1 oignon • 1/2 tête d'ail • 2 brins de persil plat • 1 feuille de laurier • 1 brin de thym • 1 clou de girofle • 3 grains de poivre blanc • 1/2 morceau de sucre • 1/2 l de vin rouge charpenté des côtes-du-Rhône • 200 g de beurre • sel et poivre • fleur de sel

① Lavez les pommes de terre, mettez-les non épluchées dans une casserole, recouvrez-les d'eau froide et faites-les cuire pendant 20 à 25 minutes à frémissements. Elles sont cuites lorsqu'elles sont facilement traversées par la lame d'un couteau.

② Épluchez et lavez les légumes. Versez 2 litres d'eau dans une grande casserole, ajoutez le poireau, la branche de céleri, la carotte coupée en 2, les brins de persil plat, le thym, la feuille de laurier, l'oignon piqué d'un clou de girofle, la 1/2 tête d'ail avec la peau et 3 grains de poivre (ne salez pas). Couvrez et faites cuire à frémissements pendant 30 minutes.

③ Piquez le saucisson pour l'empêcher d'éclater à la cuisson. Après 30 minutes de cuisson du court-bouillon, plongez-y le saucisson et faites-le cuire à frémissements, à découvert, pendant 25 minutes à partir de l'ébullition.

④ Versez le vin rouge dans une casserole, ajoutez 1/2 sucre, qui retire l'acidité du vin, et faites réduire de 3/4 jusqu'à ce que le vin devienne sirupeux.

⑤ Le saucisson est cuit, retirez-le de la casserole, posez-le sur une grille pour qu'il s'égoutte. Ajoutez au vin rouge réduit 2 louches, soit 10 cl. de bouillon de cuisson du saucisson, et faites réduire de moitié. Puis, à l'aide d'un fouet, incorporez à cette sauce, petit à petit, le beurre bien froid coupé en morceaux, sur feu doux sans faire bouillir. Rectifiez l'assaisonnement et maintenez au chaud, surtout sans faire bouillir.

⑥ Épluchez les pommes de terre, dressez-les dans un plat et parse-mez-les de fleur de sel. Coupez le saucisson en tranches en gardant la peau pour qu'il ne se défasse pas, disposez-les dans le plat de pommes de terre, accompagnez de la sauce au vin rouge servie en saucière.

Ce plat traditionnel lyonnais se sert comme plat principal, le dimanche, en famille.

Salade lyonnaise

Pour 4 personnes

200 g de lardons de poitrine salée • 400 g de sala-de frisée • 4 œufs • 8 petits croûtons • 15 g de beurre • 1 gousse d'ail • 10 cl de vinaigre d'alcool blanc • 1 cuil. à café de moutarde • 3 cuil. à soupe de vinaigre de vin • 15 cl d'huile d'arachide • sel et poivre

① Faites la vinaigrette : mélangez au fouet la moutarde avec un peu de sel et de poivre, ajoutez 2 cuillerées à soupe de vinaigre de vin et 10 cl d'huile d'arachide, mélangez.

② Portez de l'eau à frémissements et versez-y le vinaigre d'alcool. Cassez les œufs et mettez-les séparément dans des ramequins. Quand l'eau frémit, donnez un mouvement de tourbillon dans la casserole, plongez-y les œufs 1 par 1, en ramenant avec une écumoire le blanc sur le jaune, de façon à bien l'envelopper, et faites cuire pendant 3 minutes. Dès qu'ils sont cuits, sortez-les de l'eau avec une écumoire et plongez-les aussitôt dans de l'eau glacée. Quand ils sont bien froids, égouttez-les, ébarbez-les (c'est-à-dire retirez le surplus de blanc tout autour) et posez-les ensuite sur du papier absorbant.

③ Mettez les lardons dans une casserole, couvrez-les d'eau froide, portez à ébullition et, au premier bouillon, égouttez-les.

④ Lavez et essorez la salade. Mettez-la dans un saladier, assaisonnez-la avec la vinaigrette et réservez-la.

⑤ Faites fondre le beurre dans une poêle et faites-y blondir les croûtons de chaque côté. Puis aillez-les avec une gousse d'ail épluchée et coupée en 2, et réservez-les.

⑥ Versez un peu d'huile d'arachide dans la poêle qui a servi à poêler les croûtons. Quand l'huile fume, faites-y colorer vivement les lardons. Puis déglacez la poêle avec les lardons avec 1 petite cuillerée à soupe de vinaigre de vin.

⑦ Mettez ce gras de cuisson et les lardons sur la salade, ajoutez les croûtons, mélangez et disposez délicatement les œufs par-dessus. Servez aussitôt.

Filet mignon de porc farci aux herbes fraîches

Pour 2 personnes

4 tranches de filet mignon de porc de 1,5 cm d'épaisseur environ • 1 petite poignée de cresson • 1 petite poignée de persil plat • 1 petite poignée de cerfeuil • 1 petite poignée de ciboulette • 1 petite poignée d'estragon • 1 poignée de petits épinards • 30 g de beurre • 2 cl d'huile d'arachide • 1 cuil. à café de moutarde • 5 cl de vin blanc sec • 1/4 l de crème fraîche liquide • sel et poivre

1 chinois

① Lavez toutes les herbes et les épinards et essorez-les. Faites fondre 15 g de beurre dans une poêle, quand le beurre est noisette, mettez-y toute la verdure et remuez bien pour les enrober de beurre. Assaisonnez-les de sel et de poivre, puis débarrassez-les sur une assiette et laissez-les refroidir.

② Dédoublez les 4 médaillons de porc de façon à les ouvrir en « portefeuille », aplatissez-les avec la main. Assaisonnez l'intérieur de sel et de poivre, puis garnissez-les des herbes. Repliez-les pour leur donner leur forme d'origine, les herbes ne doivent pas dépasser.

③ Assaisonnez l'extérieur des médaillons de chaque côté. Faites chauffer dans une cocotte 1/2 cuillerée à soupe d'huile d'arachide avec 15 g de beurre. Dès que le beurre commence à être blond, déposez-y les filets mignons, faites-les cuire 3 à 4 minutes de chaque côté en les arrosant bien en cours de cuisson.

④ Lorsque les médaillons de viande sont cuits, retirez-les de la cocotte et disposez-les sur une grille. Dégraissez la cocotte, puis déglacez avec la moutarde et le vin blanc sec, faites réduire de moitié. Ajoutez la crème fraîche liquide, mélangez bien et faites chauffer pendant 2 à 3 minutes. Rectifiez l'assaisonnement et mélangez. Passez la sauce au chinois.

⑤ Recouvrez le fond du plat de service de la sauce, dressez les médaillons dessus et servez.

Gabriel Biscay

« Prunier-Traktir »
(Paris, XVIᵉ)

Gabriel Biscay, Meilleur Ouvrier de France, est un Basque pur piment d'Espelette. Il fait aujourd'hui de vrais petits miracles au quotidien dans les cuisines du célèbre restaurant *Prunier* à Paris. Fondé en 1872 par Alfred Prunier, c'est Émile, son fils, qui en fit un grand classique des restaurants de poissons et de fruits de mer, en achetant des parcs à huîtres et des viviers. En 1925, il ouvrit le *Prunier* de l'avenue Victor-Hugo, un lieu presque légendaire du Tout-Paris. Les années n'ont rien altéré de son charme et l'art de Gabriel Biscay n'est pas le moindre agrément de cet endroit enchanteur.

Les crevettes

• La crevette est l'un des crustacés les plus populaires mais aussi sans doute le plus fragile. C'est pour cela que, le plus souvent, elles sont cuites sur le bateau aussitôt après avoir été pêchées.

• On distingue plusieurs sortes de crevettes :

. la savoureuse crevette grise, idéale en amuse-bouche.

. la crevette rose tropicale ou de Méditerranée que l'on trouve souvent congelée.

. la gambas, fréquemment préparée *a la plancha* par nos amis espagnols qui en raffolent.

. le fameux bouquet breton si parfumé que sa chair peut se comparer aux plus grands crustacés.

• Reconnaître une bonne crevette est facile.

Son arôme doit développer des odeurs marines fines et délicates et sa carapace doit être bien luisante.

• Pour moi, en apéritif, la crevette grise, c'est la fleur de sel des crustacés comme dans le tour de main que je vais vous présenter.

► Le tour de main de Robuchon

Mes amuse-bouche aux crevettes

Rares sont les amuse-bouche aussi délicieux et simples à préparer que ces petites crevettes grises déjà cuites, rapidement sautées à la poêle avec un peu de beurre.

Pour 4 à 6 personnes :

500 g environ de crevettes grises cuites • 50 g de beurre • quelques gouttes de cognac • poivre et fleur de sel

• Faites fondre du beurre dans une poêle sur feu moyen. Laissez-le chauffer pendant 2 à 3 minutes jusqu'à ce qu'il devienne d'une couleur noisette.

• Ajoutez les crevettes et faites-les sauter pendant 1 à 2 minutes. Poivrez largement. Ajoutez enfin quelques gouttes de cognac et quelques grains de fleur de sel. Versez les crevettes dans une coupe et servez-les aussitôt.

Accompagnez avec des tranches de pain de seigle légèrement tartinées de beurre salé. Avec un verre de vin blanc frais, c'est extra !

Œufs en tasse aux crevettes grises

Pour 4 personnes

500 g de crevettes grises cuites • 4 œufs • 30 g de beurre • 10 cl de crème fraîche liquide • 1 petite botte de ciboulette • sel et poivre

1 cocotte allant au four • 4 ramequins individuels

① Découpez une feuille de papier sulfurisé à la forme de votre cocotte destinée à la cuisson des œufs au bain-marie. Faites quelques petites encoches dans la feuille de papier et disposez-la au fond de la cocotte. Cette méthode permet de ne pas provoquer d'éclaboussures pendant la cuisson au bain-marie.

② Préchauffez le four à 250 °C (thermostat 8-9).

③ Beurrez les ramequins avec le beurre ramolli, puis assaisonnez les fonds de sel et de poivre. Disposez-les dans la cocotte.

④ Décortiquez les crevettes. Cassez un œuf dans chaque ramequin et répartissez les crevettes décortiquées sur les blancs tout autour.

⑤ Remplissez la cocotte d'eau à mi-hauteur des ramequins et portez à ébullition. Lorsque l'eau commence à bouillir, glissez la cocotte au four pendant 4 minutes.

⑥ Passez une casserole sous l'eau froide, videz-la sans l'essuyer (cela évitera à la crème fraîche d'attacher), versez la crème fraîche liquide et portez-la à ébullition. Quand elle bout, salez-la et poivrez-la. Lavez, essorez et ciselez la ciboulette. Ajoutez-en 1 cuillerée à soupe à la crème fraîche, hors du feu, juste avant le dressage.

⑦ Quand les œufs sont cuits, sortez-les du four, nappez-les de la crème-ciboulette en évitant de recouvrir les jaunes. Servez bien chaud.

Grosses crevettes cuites en papillote

Pour 4 personnes

24 grosses crevettes • 4 tomates • 24 olives noires • 1 orange non traitée • 1 botte de coriandre fraîche • 3 cuil. à soupe d'huile d'olive • sel et poivre

① Étalez une grande feuille d'aluminium de 2 m de long environ, doublez-la (pliez-la en 2), côté brillant à l'extérieur. Huilez au pinceau la moitié de la feuille, côté droit, avec 1 cuillerée à soupe d'huile d'olive, assaisonnez-la de sel et de poivre.

② Lavez les tomates, mondez-les et coupez-les en petits dés. Dénoyautez les olives et coupez-les en 2. Décortiquez les crevettes, en laissant un peu de carapace sur le bout des queues. Lavez l'orange, prélevez-en le zeste et pressez-la. Lavez et essorez la coriandre.

③ Préchauffez le four à 250 °C (thermostat 8-9). Disposez les crevettes en 2 rangées sur la feuille d'aluminium, côté huilé et assaisonné, salez-les et poivrez-les. Mettez les dés de tomates dessus, les olives noires, parsemez de pluches de coriandre fraîche, ajoutez les zestes de l'orange et le jus, versez 2 cuillerées à soupe d'huile d'olive. Salez le tout légèrement et poivrez. Rabattez l'autre moitié de feuille d'aluminium sur la préparation, puis fermez la papillote en pliant les bords tout autour.

④ Posez cette papillote sur la plaque du four et glissez au four pendant 7 minutes.

⑤ La cuisson terminée, servez bien chaud et ouvrez la papillote à table pour que les convives aient tous les arômes.

Poêlée de crevettes au piment d'espelette

Pour 2 personnes

12 gambas • 3 pincées de piment d'Espelette séché • 4 tomates • 6 petits oignons • 3 tranches de jambon de Bayonne • 2 cuil. à soupe d'huile d'olive • 1 petit bouquet de persil plat • 1 gousse d'ail • sel

① Plongez les tomates quelques secondes dans de l'eau bouillante, rafraîchissez-les, pelez-les, coupez-les en 2, retirez les graines et coupez la chair en dés. Mettez les graines et la peau des tomates dans une passoire pour récupérer le jus. Pelez et émincez finement les oignons. Coupez les tranches de jambon de Bayonne en grosses lanières.

② Préchauffez le four à 240 °C (thermostat 8). Faites chauffer 1 cuillerée à soupe d'huile d'olive dans un poêlon. Ajoutez et faites revenir, dans l'ordre, les oignons, le jambon de Bayonne et les dés de tomate. Faites cuire pendant 4 minutes environ. Assaisonnez : salez légèrement et ajoutez 2 pincées de piment d'Espelette.

③ Lavez, essorez et concassez le persil plat. Pelez et hachez finement la gousse d'ail. Disposez la préparation du poêlon dans un plat allant au four et répartissez le jus de tomate dessus, parsemez d' 1 bonne cuillerée à soupe de persil plat et de l'ail.

④ Mettez 1 cuillerée à soupe d'huile d'olive à chauffer dans une poêle. Assaisonnez les gambas au sel fin de chaque côté. Quand l'huile est chaude, ajoutez les gambas, faites-les rougir, colorer légèrement, mais ne les faites pas cuire entièrement. Assaisonnez-les d' 1 pincée de piment d'Espelette.

⑤ Disposez les gambas dans le plat, sur les légumes, glissez dans le four (position gril) et laissez chauffer pendant 4 minutes. Sortez du four et servez.

Rémoulade de crevettes aux pommes acides et céleri

Pour 4 personnes

1 kg de crevettes roses cuites (soit 24 pièces) • 8 branches de céleri + quelques feuilles • 2 pommes vertes (Granny Smith) • 1 citron • 1 petite botte de ciboulette • 150 g de mayonnaise • sel et poivre

① Épluchez le céleri et les pommes et coupez-les en petits dés. Pressez le citron. Lavez, essorez et ciselez la ciboulette ; gardez quelques tiges pour la décoration. Décortiquez et coupez les crevettes en dés un peu plus gros que ceux des pommes et du céleri ; conservez-en 8 entières pour la décoration.

② Mélangez dans un saladier les pommes, le céleri, les crevettes et les 3/4 de la mayonnaise. Ajoutez 1 bonne cuillerée à soupe de ciboulette ciselée, le jus d'1/2 citron et mélangez bien. Dressez cette préparation dans une coupe.

③ Détendez le reste de la mayonnaise avec un peu d'eau froide pour avoir une sauce onctueuse. Lissez la préparation et nappez-la de la mayonnaise détendue. Décorez avec les 8 crevettes entières, les feuilles de céleri et quelques tiges de ciboulette. Servez cette entrée bien fraîche.

Dominique Cécillon

«Le Jardin des Cygnes»
(Paris, VIIIᵉ)

La cuisine de palace et de grande maison bourgeoise, cela a son charme. Celle du *Jardin des Cygnes*, avec Dominique Cécillon, le chef du *Prince-de-Galles*, un des plus beaux palaces de Paris, n'est pas en reste. Grand professionnel, il n'a pas son pareil pour allier le faste à une simplicité qui est celle de l'art vrai. Les jours d'été, c'est un enchantement de déguster une tarte aux champignons ou des rougets grillés au vinaigre et courgettes au basilic, dans la fraîcheur du patio fleuri qui prolonge la salle. Ensemble, nous vous présenterons...

Les potages

• Quelle différence y a-t-il entre une soupe, un potage et un consommé ?
La soupe, autrefois, était cuite au pot, plat unique et base de l'alimentation
des Français. Plus tard, il y eut le potage, plus bourgeois, servi en guise
d'entrée au dîner. Puis le consommé, subtil bouillon de viande, de crustacé
ou de poisson servi chaud ou froid pour préparer le palais au repas.

• Un potage, pour être savoureux, exige du beurre frais au dernier moment,
mais il ne doit plus bouillir pour conserver sa saveur délicate.

• Enfin, une astuce : la touche de crème fraîche, qui lui donne de l'onctuosité, peut être avantageusement remplacée par
du lait concentré nature, c'est-à-dire
non sucré.

Mon potage parisien

Le potage parisien est le plus populaire de nos potages, le potage symbole, le potage culturel. Il est le modèle de tous les potages taillés qui sont des potages non mixés ou non passés au moulin à légumes. La méthode est très simple.

> 200 g de blancs de poireaux • 700 g de pommes de terre (BF 15) • 110 g de beurre • 1,25 l d'eau froide • sel • gros sel

• Nettoyez et émincez finement les blancs de poireaux. Pelez les pommes de terre et taillez-les en minces morceaux de 2 à 3 mm d'épaisseur, lavez-les et égouttez-les bien.

• Dans une casserole, mettez 60 g de beurre, les poireaux, une pointe de sel. Allumez sous la casserole et faites suer le tout à feu doux, en remuant à l'aide d'une spatule en bois.

• Commencez la cuisson à froid : les légumes frais, à l'exception de la pomme de terre, transmettent alors tout leur parfum au potage. Mais attention, le potage prendra mauvais goût si le légume colore, ou pire s'il brûle.

• Mouillez ensuite avec l'eau froide. Ajoutez les pommes de terre bien lavées et égouttées. Salez au gros sel et laissez cuire 20 minutes à frémissements.

• Important, pour obtenir un bon potage, c'est comme pour une infusion ou une tisane : trop corsé, il n'est pas bon, il est âpre ; pas assez mis en goût, il est insipide et fade. Il faut donc qu'il soit cuit juste ce qu'il faut, ni trop, ni pas assez. Trop souvent le potage s'éternise sur le feu à la manière d'une décoction, d'où un goût puissant et désagréable.

• Quand le potage est cuit, vérifiez l'assaisonnement. Mettez une note finale avec 50 g de beurre frais, froid et coupé en morceaux et ne faites surtout plus bouillir. Essayez, c'est un véritable mets d'anthologie.

Soupe au citron vert et aux œufs

Pour 4 personnes

1,75 l de bouillon de volaille • 3 citrons verts •
3 œufs • 115 g de petites pâtes • sel et poivre

① Versez le bouillon de volaille dans une casserole et portez-le à ébullition. Lorsqu'il est à ébullition, ajoutez-y les petites pâtes, laissez cuire 5 minutes à frémissements tout en mélangeant. Réservez sur feu éteint.

② Pressez 2 citrons verts. Cassez les œufs dans un récipient et battez-les bien à la fourchette ou au fouet comme une omelette. Quand ils deviennent moussants, ajoutez le jus de citron vert et 1 cuillerée à soupe d'eau, mélangez.

③ Reportez le bouillon à frémissements. Prélevez 2 à 3 louches du bouillon, en évitant de prendre des pâtes, et versez-le sur les œufs, mélangez bien. Hors du feu, reversez ce mélange dans le bouillon, remuez rapidement sans cesse avec une spatule jusqu'à ce que la liaison se fasse. Rectifiez l'assaisonnement selon votre goût. Ne faites surtout pas bouillir la soupe après avoir ajouté les œufs.

④ Dressez la soupe en soupière, décorez-la avec quelques rondelles du troisième citron vert. Servez cette soupe chaude ou froide.

Les petites pâtes utilisées sont des langues d'oiseaux (qui ressemblent à du riz). Elles peuvent être remplacées par du vermicelle, des perles du Japon ou même du riz, rectifiez alors le temps de cuisson dans le bouillon en fonction de l'ingrédient choisi.

Soupe de carottes au cumin

600 g de carottes • 2 gousses d'ail • 2 cuil. à soupe d'huile d'olive • 1/2 cuil. à soupe de cumin en poudre • 2 oranges • 40 cl de bouillon de volaille • 1 bouquet de cerfeuil • sel et poivre

1 mixeur

① Épluchez les carottes, puis coupez-les en fines rondelles. Pelez et hachez finement les gousses d'ail.

② Faites suer, dans une cocotte, les rondelles de carottes avec l'huile d'olive, tout en mélangeant bien. Ajoutez ensuite les gousses d'ail hachées et le cumin, puis mélangez. Mouillez ensuite avec le bouillon de volaille, ajoutez une petite pincée de sel, mélangez et faites cuire à frémissements à couvert pendant 20 minutes environ.

③ Pressez le jus des oranges, et faites-le réduire dans une casserole d'un peu plus de la moitié, il doit devenir sirupeux. Quand le jus d'orange a réduit, versez-le sur les carottes et poursuivez la cuisson, toujours à frémissements et à couvert, pendant 7 à 8 minutes.

④ Prélevez la valeur de 3 cuillerées à soupe de rondelles de carottes, mettez-les dans la soupière et couvrez pour les maintenir au chaud.

⑤ Mettez le reste des carottes dans un mixeur. Mixez-les avec le bouillon en le versant petit à petit de façon à contrôler l'onctuosité de la soupe.

⑥ Versez la soupe dans la soupière, sur les carottes chaudes, parsemez de petites pluches de cerfeuil. Servez cette soupe chaude.

Vichyssoise

Pour 4 personnes

300 g de blancs de poireaux • 300 g de pommes de terre (BF 15) • 50 g de beurre • 1,5 l d'eau • 1 bouquet garni • 10 cl de crème fraîche liquide • 1 petite botte de ciboulette • sel et poivre • gros sel

1 mixeur • 1 chinois

① Fendez les blancs de poireaux en 2, lavez-les et émincez-les en petits morceaux.

② Mettez le beurre dans une casserole, ajoutez le poireau avec une pointe de gros sel et faites-le suer à feu doux, sans coloration, pendant 3 à 4 minutes, tout en mélangeant bien.

③ Quand les poireaux deviennent translucides, mouillez avec 1,5 litre d'eau froide et portez à ébullition.

④ Pelez les pommes de terre, coupez-les en petits morceaux et lavez-les. Ajoutez ces morceaux de pomme de terre, le bouquet garni et une pointe de sel dans la casserole, et faites cuire à ébullition, à découvert, pendant 20 à 25 minutes.

⑤ Après 20 à 25 minutes de cuisson, retirez le bouquet garni. Mixez le potage hors du feu, puis passez-le au chinois en pressant bien à l'aide d'une petite louche pour en exprimer tous les sucs. Ajoutez la crème fraîche, mixez, émulsionnez bien, rectifiez l'assaisonnement en relevant bien en poivre et mixez à nouveau.

⑥ Versez ce potage dans une soupière, laissez-le refroidir à température ambiante, puis entreposez-le au réfrigérateur jusqu'à ce qu'il soit bien froid. Lorsque le potage est froid, ajoutez-y 2 bonnes cuillerées à soupe de ciboulette ciselée et mixez. Servez ce potage bien frais.

Crème de tomates au basilic

Pour 2 personnes

600 g de tomates • 1 gousse d'ail • 1 petit oignon • 1 feuille de laurier • 2 clous de girofle • 10 cl de crème fraîche liquide • 20 g de beurre • 8 feuilles de basilic • sel et poivre

1 mixeur • 1 chinois à gros tamis

① Plongez les tomates quelques secondes dans de l'eau bouillante et pelez-les. Coupez 2 tomates en 4, retirez les graines, coupez la chair en petits dés et réservez-les. Coupez les autres tomates en quartiers et mixez-les pour obtenir un coulis.

② Pelez la gousse d'ail. Pelez l'oignon et coupez-le en 2. Dans un poêlon, mettez la gousse d'ail, la feuille de laurier, les clous de girofle et l'oignon, puis versez le coulis de tomates. Portez à ébullition, tout en mélangeant bien, pendant 10 à 15 minutes, à découvert ; le coulis doit réduire d'1/3.

③ Passez le coulis au chinois en pressant bien à l'aide d'une petite louche. Versez-le dans une casserole, ajoutez la crème fraîche, mélangez au fouet, reportez à ébullition, assaisonnez, puis, hors du feu, incorporez le beurre bien froid.

④ Mettez les dés de tomates dans le fond d'une soupière, versez la crème de tomates bien chaude dessus, parsemez des feuilles de basilic ciselées et servez chaud.

Tommaso et Salvatore
Esposito

«Topo Gigio» et «I Fratelli»
(Bénidorm, Espagne)

La vraie cuisine italienne, c'est aussi en Espagne que je l'ai découverte, avec deux joyeux lurons, italiens jusqu'au bout des ongles, les frères Tommaso et Salvatore Esposito. Affables, accueillants, leur carrière internationale les a menés partout où la cuisine est à l'honneur et ils manient le français avec dextérité. Ils n'ont pas leur pareil pour enchanter le plat de pâtes le plus simple dans leurs sympathiques restaurants *Topo Gigio* et *I Fratelli* à Bénidorm, haut-lieu touristique en Espagne.

Les pâtes

• Les pâtes sont le pain des Italiens. Comme lui, elles savent mettre en valeur toutes les saveurs des produits qui les accompagnent.

• Il faut toujours lier les pâtes avec une matière grasse et, principalement, de l'huile d'olive.

• Les pâtes aiment tout particulièrement le safran, le curry, toutes les fines herbes, du persil au basilic et, bien sûr, la tomate sous toutes ses formes, les oignons, les piments, etc.

• Il ne faut pas oublier les fruits de mer comme les moules, les palourdes, les langoustines ou encore la viande – le lard fumé – par exemple, qui jouent l'accord parfait.

• Bien entendu le parmesan est roi, mais le petit filet d'huile d'olive vierge, juste au moment de servir, fera toute la diffé-rence, un trait de génie digne d'une vraie « mamma » à l'italienne.

► Le tour de main de Robuchon

Ma salade de pâtes

Je vais vous présenter une salade de pâtes originale et rafraîchissante.

Pour 3 à 4 personnes :

200 g de spaghettis • 100 g de feuilles de basilic • 10 cl d'huile d'olive • 6 cl de jus de citron • gros sel • sel et poivre

1 mixeur

• Dans une casserole, versez 2 litres d'eau, 2 cuillerées à soupe d'huile d'olive, 20 g de gros sel et portez à ébullition.

• Plongez les spaghettis, faites-les cuire 9 minutes à faible ébullition. Quand ils sont cuits, retirez-les du feu, mais laissez-les dans l'eau de cuisson encore 1 minute pour permettre aux pâtes de gonfler. Dans une salade, il est préférable que les pâtes soient un peu plus cuites qu'« al dente ». Sortez les pâtes de l'eau à l'écumoire, plongez-les rapidement dans de l'eau froide, puis égouttez-les.

• Dans un mixeur, mettez 100 g de feuilles de basilic avec 8 cl d'huile d'olive, 6 cl de jus de citron, du sel et du poivre et mixez pour obtenir une purée un peu liquide. Versez cette purée sur les pâtes, mélangez et rectifiez l'assaisonnement.

• Réservez ces pâtes au réfrigérateur au moins 30 minutes avant de les servir en entrée.

Une astuce pour les amateurs, ajoutez une pointe d'ail crue hachée très finement et, bien sûr, un filet d'huile d'olive.

Spaghettis aux fruits de mer

Pour 2 personnes

200 g de spaghettis • 8 petites seiches (200 g environ) • 16 petites moules • 1 gousse d'ail • 10 cl d'huile d'olive • 10 cl de vin blanc • 1 petit bouquet de persil plat • sel et poivre

① Pelez et émincez la gousse d'ail. Faites chauffer l'huile d'olive dans une poêle, ajoutez-y la gousse d'ail, faites-la cuire jusqu'à ce qu'elle devienne blonde, puis ajoutez les seiches et les moules, couvrez et faites cuire 2 minutes à feu moyen. Au bout de 2 minutes, versez le vin blanc sec, assaisonnez légèrement en sel et en poivre, mélangez et laissez cuire à découvert encore 5 minutes le temps que le jus réduise. Réservez pendant la cuisson des spaghettis.

② Plongez les spaghettis dans une grande casserole d'eau bouillante salée à raison de 10 g de sel par litre d'eau, faites-les cuire 7 à 8 minutes à frémissements ; ils doivent être « al dente ».

③ Quand les spaghettis sont cuits, égouttez-les, puis mettez-les dans la poêle avec les seiches et les moules non décortiquées, ajoutez 2 bonnes cuillerées à soupe de persil plat concassé et mélangez pour bien enrober les spaghettis qui doivent « glisser ». Dressez sur un plat et servez.

Tallerines aux langoustines

Pour 1 personne

100 g de tallerines (tagliatelles très fines ou spaghettis plats) • 3 langoustines • 1 tomate entière pelée (fraîche ou en boîte) • 6 cl d'huile d'olive • 1 gousse d'ail • 1 petit bouquet de persil plat • 1 petit piment rouge sec • sel

1 pince à spaghettis

① Pelez et émincez la gousse d'ail. Coupez la tomate en morceaux, versez une petite cuillerée à café d'huile d'olive dessus. Fendez les langoustines en 2 dans la longueur avec la carapace.

② Faites chauffer 5 cl d'huile d'olive dans une poêle, mettez la gousse d'ail et faites-la colorer légèrement. Disposez ensuite les langoustines, côté carapace vers le haut,couvrez et laissez cuire 1 minute. Retournez les langoustines, ajoutez les morceaux de tomate et son huile d'olive, salez, parsemez d'une cuillerée à soupe de persil plat, le piment coupé en 2, couvrez et faites cuire à feu doux pendant 2 minutes, puis retirez du feu et réservez.

③ Plongez les tallerines dans une grande quantité d'eau bouillante salée à raison de 10 g de sel par litre d'eau, faites-les cuire pendant 7 minutes à ébullition, tout en les remuant avec une spatule en bois pendant la cuisson ; elles doivent être « al dente ».

④ Lorsque les tallerines sont cuites, retirez-les de l'eau en les égouttant avec une pince à spaghettis. Mettez-les dans la poêle, sur les langoustines, mélangez délicatement, laissez cuire encore 1 à 2 minutes, le temps que les langoustines soient bien chaudes, puis dressez et servez.

Spaghettis aux palourdes

Pour 2 personnes

> 200 g de spaghettis • 400 g de palourdes fraîches • 1 piment rouge • 1 gousse d'ail • 1 petit bouquet de persil plat • 10 cl d'huile d'olive • sel et poivre

① Faites bouillir une grande quantité d'eau dans une casserole, salez à raison de 10 g de sel par litre d'eau. Plongez les spaghettis dedans et faites-les cuire à ébullition pendant 7 à 8 minutes, tout en les remuant de temps en temps avec une spatule en bois ; ils doivent être « al dente ».

② Pendant la cuisson des spaghettis, pelez et coupez la gousse d'ail en rondelles en retirant le germe. Lavez rapidement les palourdes. Lavez le piment. Lavez le persil et hachez-le grossièrement.

③ Faites chauffer l'huile d'olive dans une poêle. Quand l'huile est très chaude, ajoutez l'ail et les palourdes, couvrez et faites cuire pendant 3 minutes environ, jusqu'à ce que les palourdes s'ouvrent. Quand elles sont ouvertes, ajoutez le piment rouge coupé en 2 et 1 bonne cuillerée à soupe de persil plat.

④ Quand les spaghettis sont cuits « al dente », égouttez-les puis mettez-les dans la poêle avec les palourdes, mélangez bien. Dressez sur un plat de service et servez. Les convives décortiqueront les palourdes.

Penne aux courgettes

Pour 2 personnes

200 g de penne • 300 g de courgettes • 1 oignon moyen • 1 petit bouquet de basilic • 10 cl d'huile d'olive • 50 g de lardons • 60 g de parmesan râpé • 10 cl de bouillon de bœuf • sel et poivre

1 mixeur

① Lavez et émincez les courgettes, non pelées, en fines rondelles. Pelez puis coupez l'oignon en dés. Coupez grossièrement le basilic en gardant quelques feuilles pour la décoration.

② Faites chauffer l'huile d'olive dans une poêle, ajoutez les lardons, les dés d'oignon, les courgettes, salez légèrement, mélangez, couvrez et faites cuire pendant 10 minutes à feu doux. Au bout de 10 minutes, ajoutez 2 cuillerées à soupe de basilic, mélangez et retirez la poêle du feu.

③ Faites chauffer le bouillon de bœuf dans une casserole. Quand il est chaud, versez la préparation de courgettes dans un mixeur avec 50 g de parmesan, le bouillon de bœuf chaud, poivrez et mixez.

④ Faites cuire les penne : plongez-les dans une grande quantité d'eau salée à raison de 10 g de sel par litre d'eau, faites-les cuire pendant 10 minutes ; elles doivent être « al dente ». Égouttez-les bien.

⑤ Dans une casserole, pour les réchauffer, mélangez les penne avec la sauce aux courgettes, dressez-les dans un plat de service, saupoudrez-les des 10 g de parmesan restants et de quelques feuilles de basilic.

Jean-Paul Hévin

«Jean-Paul Hévin»
(Paris, VIᵉ)

Jean-Paul Hévin est un authentique artiste de la pâtisserie et un choco-latier hors pair. Un orfèvre ! D'ailleurs, pour lui, créateur d'un plaisir gourmet qui se savoure comme une musique, le chocolat est un joyau. Ses mariages de saveurs sont d'une subtilité rare et il n'utilise que les plus nobles crus de cacao. Dans sa boutique, le premier sens sollicité, c'est évi-demment l'odorat. L'amateur est tout de suite sur le qui-vive. Pas moins de vingt-huit sortes de chocolat noir ! Puis le toucher... Tout est si tentant ! Après la difficile épreuve du choix, voici enfin le moment suprême, celui de la dégustation... Indescriptible, bien sûr.

Le chocolat

• Le chocolat est un magicien. Plaisir, bonheur, volupté gustative, il fascine. Il a ses fanatiques, véritables « accros » qui se damneraient pour un petit « carré » supplémentaire de leur marque préférée.

• Magicien, il l'est par sa richesse, sa saveur envoûtante et ses propriétés. Longtemps on lui a prêté des vertus curatives et, contrairement à ce qu'on pense, par lui-même, il n'est pas mauvais pour le foie.

• Il est issu de fèves qui peuvent être classées comme des crus et diffèrent en fonction de leur saveur, de leur puissance et de leur longueur.

• Son origine géographique – Brésil, Équateur, Côte d'Ivoire et Madagascar – est déterminante.

• Pour les gourmands, les bonbons au chocolat sont l'escorte idéale d'une tasse de pur arabica. Ils doivent être brillants, sans bulles, leur couleur franche d'un brun rouge plutôt que noir. Leur enrobage, c'est-à-dire l'enveloppe, doit être fin. Évitez ceux qui sont ternes, blanchâtres.

• Un bon chocolat doit être franc de goût, onctueux et parfumé avec une bonne longueur en bouche.

Ma sauce au chocolat

Une recette à base de chocolat très appréciée, c'est la simple sauce au chocolat.

Pour 4 à 6 personnes (soit 50 cl de sauce au chocolat) :

200 g de chocolat noir à cuire • 30 cl d'eau

• Mettez dans une casserole 200 g de chocolat coupé en petits morceaux, ajoutez un petit peu d'eau, et faites fondre le chocolat à feu doux, tout en mélangeant avec un fouet afin qu'il n'attache pas.

• Lorsque le chocolat est fondu, ajoutez le reste de l'eau et portez à ébullition tout en mélangeant bien avec un fouet. À ébullition, laissez la sauce cuire pendant 2 à 3 minutes.

• La sauce au chocolat est prête, servez-la sur de la glace à la vanille, par exemple.

Petits sablés au chocolat

Pour 20 sablés environ

100 g de pépites de chocolat amer • 125 g de beurre • 65 g de sucre glace • 10 g de poudre de noisette • 1 pincée de sucre vanillée • 150 g de farine • 1 cuil. à soupe de sucre cristallisé • 1 cuil. à soupe de cacao en poudre • 1 pincée de sel

1 batteur

① Rassemblez dans un batteur le beurre, le sucre glace, la poudre de noisette, le sucre vanillé et une pincée de sel. Mélangez doucement à petite vitesse. Ajoutez la farine, mélangez toujours doucement. Lorsque le mélange fait masse, ajoutez les pépites de chocolat amer.

② Retirez la pâte du bol, puis pétrissez-la entre les mains sans trop la malaxer, et divisez-la en 2 boules. Roulez chaque boule sur le plan de travail de manière à former 2 boudins. Roulez ces 2 boudins dans le sucre cristallisé et ensuite dans le cacao en poudre.

③ Entreposez-les pendant 1 à 2 heures au réfrigérateur, le temps que la pâte durcisse.

④ Préchauffez le four à 180 °C (thermostat 5). Sortez les boudins du réfrigérateur, coupez-les en rondelles d'1 cm d'épaisseur environ et déposez-les, sans trop les serrer, sur une plaque de four.

⑤ Enfournez et faites cuire pendant 30 minutes. Laissez-les refroidir avant de les déguster. Ils se conserveront très bien pendant 2 jours, mais pas plus.

Moelleux au chocolat

Pour 4 moelleux

300 g de chocolat amer • 10 cl de crème fraîche liquide • 100 g de poires au sirop • 35 g de beurre • 2 jaunes d'œufs • 190 g de blancs d'œufs • 50 g de sucre semoule • 30 g de farine • 40 g de sucre glace • sucre glace et cacao en poudre pour la décoration

1 mixeur • 4 petits moules ronds

① Cassez le chocolat en morceaux. Coupez les poires en dés. Mettez une goutte d'eau dans une casserole, puis versez-y la crème fraîche et portez à ébullition tout en mélangeant délicatement. Mettez 100 g de morceaux de chocolat dans un grand bol. Quand la crème bout, versez-la sur les 100 g de chocolat, mélangez jusqu'à ce que la ganache devienne lisse et brillante ; ajoutez alors les dés de poires, mélangez et réservez cette ganache au réfrigérateur pendant 30 minutes.

② Au bout de 30 minutes, disposez des petits tas de ganache, la valeur d'1 cuillerée à soupe, sur une plaque ; aplatissez-les en leur donnant la forme d'un disque, puis mettez-les au congélateur pendant au moins 2 heures.

③ Mettez le reste du chocolat dans un récipient, lui-même dans une casserole d'eau, et faites fondre au bain-marie, le chocolat doit atteindre une température de 35 à 40 °C. Dès qu'il est fondu, incorporez le beurre en morceaux et mélangez. Ajoutez ensuite les jaunes d'œufs en retirant le tout aussitôt du feu, car les jaunes ne doivent pas cuire.

④ Dans un mixeur, cassez les blancs d'œufs avec 1 pincée de sucre semoule en faisant tourner le mixeur à vitesse rapide pendant quelques secondes, puis revenez à petite vitesse. Lorsque les blancs sont à moitié montés, ajoutez la moitié du sucre, puis le restant quand les blancs sont montés.

⑤ Faites le biscuit : mettez la moitié des blancs en neige avec la préparation au chocolat, détendre doucement, puis ajoutez la farine, le sucre glace et le reste des blancs en neige. Mélangez très délicatement.

⑥ Préchauffez le four à 180 °C (thermostat 5). Sortez la ganache du congélateur.

⑦ Garnissez des petits moules ronds à mi-hauteur avec le biscuit, puis posez un disque de ganache sans trop appuyer (elle ne doit pas toucher le fond des moules) et recouvrez d'une autre couche de biscuit.

⑧ Glissez au four pendant 30 minutes. Démoulez les moelleux au chocolat tièdes, saupoudrez-les de sucre glace et de cacao en poudre et accompagnez-les, pourquoi pas, d'un coulis de poire et de quelques pépites de chocolat.

Financiers au chocolat

Pour 6 petits financiers

150 g de chocolat amer • 15 cl de crème fraîche liquide • 55 g de sucre glace • 40 g de farine • 40 g d'amandes en poudre • 1 pincée de levure chimique (1/2 cuil. à café) • 60 g de beurre • 110 g de blancs d'œufs

6 petits moules rectangulaires de 10 cm de long environ

① Cassez le chocolat amer en morceaux dans un récipient. Portez la crème fraîche à ébullition sans cesser de remuer. Versez-la sur le chocolat, mélangez délicatement jusqu'à obtenir une ganache lisse et brillante.

② Dans un autre récipient, mélangez au fouet le sucre glace, la farine, la poudre d'amandes et la levure chimique.

③ Faites fondre doucement le beurre sur feu doux et laissez-le blondir jusqu'à ce qu'il devienne noisette. Versez-le ensuite dans un autre récipient de manière à le refroidir et stopper la cuisson.

④ Fouettez les blancs d'œufs, sans les monter, juste pour les casser,

et mélangez-les délicatement au mélange farine-poudre d'amandes. Puis incorporez le beurre fondu en remuant également délicatement. Incorporez ensuite cette préparation à la ganache en mélangeant toujours soigneusement.

⑤ Préchauffez le four à 180 °C (thermostat 5).

⑥ Remplissez les petits moules individuels de la préparation. Mettez-les au four pendant 20 à 30 minutes. La cuisson terminée, laissez les financiers refroidir pendant 5 minutes avant de les démouler.

Croquants au chocolat

Pour 8 à 10 croquants

15 g de cacao en poudre • 40 g de beurre • 100 g de sucre glace • 3 cl d'eau • 30 g de farine • 30 g de noix hachées

① Faites fondre le beurre sur feu doux, versez-le ensuite dans un autre récipient de manière à le faire refroidir et stopper la cuisson.

② Mélangez le sucre avec le cacao et l'eau dans un récipient, remuez à la spatule, incorporez ensuite, d'un coup, la farine en mélangeant bien, puis le beurre fondu, en filet, ajoutez les noix pour finir.

③ Préchauffez le four à 180 °C (thermostat 5). À l'aide d'une cuillère préalablement trempée dans de l'eau (pour éviter que l'appareil ne colle à la cuillère), faites des petits tas de l'appareil à tuiles sur la plaque du four, étalez-les pour leur donner la forme que vous désirez (pourquoi pas de feuille de cacaoyer). Veillez à ce que les tuiles soient suffisamment espacées sur la plaque pour ne pas se coller entre elles ; faites cuire les tuiles en plusieurs fois en fonction de la taille de la plaque du four.

④ Mettez la plaque au four pendant 10 minutes. Après ces 10 minutes de cuisson, ressortez la plaque du four et remodelez la pâte, plus facile à travailler parce qu'un peu cuite, en forme de feuille à l'aide d'une corne (sorte de spatule sans manche, ovale ou semi-circulaire, en matière plastique souple). Puis remettez-les au four pendant 5 minutes environ.

Servez ces tuiles accompagnées de boules de glace et de quelques gouttes de rhum ou de liqueur d'orange.

Frédéric Anton

« Le Pré Catelan »
(Paris, XVIe)

près avoir passé plusieurs années à mes côtés en cuisine, Frédéric Anton est aujourd'hui le chef du célèbre *Pré Catelan*, à Paris. Tout le monde s'accorde à lui reconnaître un grand talent. Il s'est lancé depuis peu dans la prospection d'un domaine intéressant : la préparation des légumes de saison, considérés désormais comme des éléments à part entière. Moi qui le connais bien, je sais aussi qu'il n'a pas son pareil pour cuisiner les huîtres.

Les huîtres

- Pas de réveillon de la Saint-Sylvestre sans huîtres ! Cependant, au plateau traditionnel, on peut préférer des huîtres cuisinées.
- Pour choisir une bonne huître, qu'elle soit plate ou creuse, il y a des règles simples à respecter : elles doivent être hermétiquement fermées, les coquilles bien humides, bien lourdes, sinon c'est qu'elles ont perdu de l'eau.
- Il existe un nombre important de variétés. Aujourd'hui, j'ai choisi :
  . pour les creuses : les fines de claires et les spéciales de Marennes-Oléron, ainsi que celles de Saint-Vaast, en Normandie ;
  . pour les plates : bien sûr, les célèbres belons de Bretagne, ainsi que les très rares et fabuleuses vertes de Marennes.
- Un impératif absolu, c'est que l'huître doit être ouverte au dernier moment. Si l'on est obligé d'attendre un peu, ce qui arrive les soirs de fête, une astuce : replacez le couvercle sur chaque huître, empilez-les et couvrez-les d'un linge mouillé, puis placez-les au réfrigérateur ou dehors... s'il ne gèle pas !

▶ Le tour de main de Robuchon

Ouvrir les huîtres requiert une certaine technique. Il ne faut pas crever « la noix » et ne pas détacher « le voile », partie de l'huître qui, souvent, reste attachée au couvercle. Pour ma part, j'utilise un couteau à huître, à lame large et longue, plutôt que les couteaux avec garde. Protégez-vous la main avec un torchon.

Ouvrez les huîtres plates par le talon, avec le milieu de la lame du couteau, surtout pas avec la pointe. Poussez la lame avec les doigts pour conserver le voile intact.

Quant aux huîtres creuses, ouvrez-les du côté du muscle, et non pas celui du talon. Cette fois, utilisez la pointe du couteau. Coupez le muscle et passez la lame du couteau sur le couvercle pour garder le voile intact.

Potage parmentier aux huîtres et aux chipolatas

Pour 4 personnes

24 huîtres spéciales • 8 mini-chipolatas • 3 blancs de poireaux • 800 g de pommes de terre (Belle de Fontenay) • 250 g de beurre • 1,2 l de bouillon de volaille • 18 cl de crème fraîche liquide • 1 petit bouquet de cerfeuil • sel et poivre

1 mixeur • 1 chinois

① Épluchez les poireaux, ne conservez que les blancs, lavez-les et émincez-les finement. Pelez les pommes de terre, lavez-les, coupez-les en dés.

② Mettez dans une grande casserole 70 g de beurre avec les poireaux, salez légèrement et faites suer tout doucement. Ajoutez les pommes de terre et mélangez. Mouillez avec le bouillon de volaille, portez à ébullition et écumez légèrement. Une fois l'ébullition obtenue, couvrez et faites cuire à frémissements pendant 25 minutes.

③ Ouvrez les huîtres, retirez-les de leur coquille et mettez-les à égoutter sur une grille. Récupérez leur jus et filtrez-le.

④ Au bout de 25 minutes de cuisson, mixez le potage. Ajoutez la crème fraîche liquide, 100 g de jus d'huîtres, 4 huîtres, 130 g de beurre bien froid coupé en petits morceaux et poivrez. Mixez de nouveau, puis passez au chinois. Réservez au chaud mais sans ébullition.

⑤ Coupez les chipolatas en 2 et poivrez-les. Faites fondre 20 g de beurre et poêlez les chipolatas, faites-les colorer sur toutes les faces, puis égouttez-les pour retirer l'excès de beurre.

⑥ Dans le fond d'une soupière, disposez les 20 huîtres restantes avec les chipolatas, versez dessus le potage bouillant. Ajoutez 30 g de beurre en petits morceaux, parsemez de quelques pluches de cerfeuil et servez bien chaud.

Ce potage aux huîtres est encore meilleur si vous le servez avec des croûtons dorés.

Belons sauce gribiche aux herbes

Pour 2 personnes

12 grosses belons (N° 0 ou 00) • 1/4 de botte de ciboulette • poivre

Pour la sauce gribiche
200 g de mayonnaise • 30 g de cornichons • 30 g de câpres • 1 œuf dur • 1/4 de botte de persil plat • 1/4 de botte de cerfeuil • 1/4 de botte d'estragon • sel et poivre

① Ouvrez les huîtres, retirez-les de leur coquille (en conservant la coquille), mettez-les à égoutter sur une grille. Récupérez leur jus et filtrez-le. Lavez et hachez les herbes séparément pour obtenir 1 bonne cuillerée à soupe de chaque.

② Préparez la sauce gribiche : dans un saladier, ajoutez à la mayonnaise, les cornichons et les câpres hachés finement et mélangez à la spatule en bois. Hachez le blanc et le jaune d'œuf et mélangez-les à la mayonnaise. Ajoutez le persil, le cerfeuil et l'estragon, mélangez délicatement, puis détendez cette sauce avec du jus d'huîtres de façon à pouvoir napper les huîtres. Salez et poivrez.

③ Remettez les huîtres dans leur coquille, poivrez-les, nappez-les de sauce gribiche et parsemez-les de ciboulette ciselée.

④ Servez ces huîtres accompagnées de tranches de pain de seigle toastées.

Vous pouvez préparer cette recette un peu à l'avance et la conserver au réfrigérateur.

Brochettes d'huîtres fines de claires au lard

Pour 2 personnes

12 grosses huîtres fines de claires (N° 0) • 12 tranches très fines de lard fumé • 5 cl d'huile d'olive • quelques fleurs de thym • 1 oignon • 1 gousse d'ail • 1/2 poivron vert • 1/2 poivron rouge • 10 cl de bouillon de volaille • 1 brindille de thym • 50 g de beurre • sel et poivre

4 pics à brochette

① Ouvrez les huîtres, retirez-les de leur coquille et égouttez-les. Récupérez le jus des huîtres et filtrez-le. Roulez ensuite chaque huître dans une tranche de lard très fine, la réussite de la recette en dépend. Puis piquez-les, dans le sens de la longueur, sur une brochette. Comptez 3 huîtres par brochette.

② Arrosez les brochettes d'un filet d'huile d'olive, parsemez-les de quelques fleurs de thym et laissez-les mariner 1 heure au réfrigérateur. Cette préparation peut se faire au maximum 2 à 3 heures à l'avance.

③ Pelez et hachez l'oignon. Pelez et écrasez la gousse d'ail. Épluchez les demi-poivrons en les passant sur la flamme du gaz ; épépinez-les et coupez-les en petits dés.

④ Versez un filet d'huile d'olive dans une sauteuse, ajoutez l'oignon haché, la gousse d'ail écrasée, faites suer tout doucement et salez légèrement. Ajoutez ensuite les dés de poivrons, faites-les suer légèrement, mettez la brindille de thym, mouillez avec le bouillon de volaille et 5 cl de jus d'huître filtré. Portez à frémissements pendant 10 minutes.

⑤ Au bout de 10 minutes de cuisson, retirez la gousse d'ail et la brindille de thym. Baissez le feu et, sur feu très doux, faites monter la sauce petit à petit, en fouettant, avec 50 g de beurre. Poivrez et réservez au chaud.

⑥ Chauffez une poêle ; quand elle est bien chaude, disposez-y les brochettes d'huîtres au lard ; faites-les colorer de chaque côté (15 secondes environ) et poivrez-les.

⑦ Dressez les brochettes dans un plat sur un lit de sauce et servez aussitôt.

Croquettes d'huîtres
avec un gaspacho de tomates au basilic

Pour 2 personnes

12 huîtres spéciales • 1/2 concombre • 1/2 poivron rouge • 2 œufs • 80 g de mie de pain fraîche • 40 g de farine • 1 petit bouquet de basilic • sel et poivre

Pour le coulis de tomate
2 tomates • 50 g de ketchup • 3 cl de vinaigre de xérès • 4 cl d'huile d'olive • sel et poivre

1 mixeur • 1 chinois • 1 friteuse

① Préparez le coulis de tomate : lavez les tomates, coupez-les en 4 et mixez-les. Ajoutez dans le mixeur le ketchup, le vinaigre de xérès et l'huile d'olive. Salez, poivrez bien et mixez de nouveau. Passez ce coulis de tomate dans un chinois, tout en foulant bien pour en exprimer tous les sucs.

② Sans l'éplucher, lavez, épépinez, et coupez le demi-concombre en petits dés. Lavez le demi-poivron, passez sous la flamme, épluchez-le, épépinez-le et coupez-le en petits dés. Vous devez obtenir environ 30 g de dés de concombre ainsi que 30 g de dés de poivron. Ajoutez-les dans le coulis de tomate, mélangez et réservez ce gaspacho au réfrigérateur jusqu'à l'utilisation.

③ Ouvrez les huîtres, retirez-les de leur coquille, ébarbez-les avec des ciseaux, puis égouttez-les. Récupérez 2 coquilles pour la décoration finale.

④ Préchauffez une friture à 170-180 °C. Préparez 3 récipients : battez les œufs dans le premier et salez et poivrez cette panure à l'anglaise. Émiettez finement la mie de pain dans le second, et versez la farine dans le troisième.

⑤ Roulez les huîtres dans la farine, puis dans l'anglaise et, pour terminer, dans la mie de pain fraîche. Puis plongez les huîtres dans la friteuse et laissez-les cuire 30 à 40 secondes, elles doivent être dorées. Égouttez-les ensuite sur du papier absorbant.

⑥ Lavez les 2 coquilles d'huîtres, remplissez-les de gaspacho, décorez avec 4 feuilles de basilic. Dressez ces coquilles au centre d'un plat et rangez les croquettes d'huîtres tout autour.

⑦ Servez ces huîtres chaudes, accompagnées d'une salade mélangée assaisonnée d'une vinaigrette classique.

Philippe Gobet

École Lenôtre
(Plaisir, Yvelines)

L'art de la pâtisserie ne s'est jamais aussi bien porté. Cela est dû, sans doute, à un regain d'intérêt pour l'univers suave de la gourmandise mais aussi très certainement à l'éclosion de jeunes talents comme celui de Philippe Gobet, maintenant professeur de cuisine et de pâtisserie à l'école *Lenôtre*. Cette nouvelle génération de créateurs culinaires parvient à renouveler complètement un domaine qui semblait figé dans une tradition où tout paraissait avoir été dit. Il n'en est rien ! Philippe Gobet, avec audace et maestria, n'a de cesse d'inventer de nouvelles saveurs, aussi bien salées que sucrées. Mais son habileté repose sur un savoir-faire tout de rigueur et de sérieux, bien nécessaire lorsqu'on aborde l'art du feuilletage.

Le feuilletage

• Ce sont les croisés qui rapportèrent de la Terre sainte la recette de la pâte feuilletée. Les Arabes (et avant eux, les Grecs) la préparaient avec de l'huile. Une tradition prétend que l'invention de la pâte feuilletée telle que nous la connaissons est due au peintre Claude Lorrain, apprenti pâtissier à ses débuts. Une autre l'attribue à un dénommé Feuillet, pâtissier du prince de Condé. Qu'il y ait de nombreux postulants pour revendiquer cette succulente paternité n'a rien d'étonnant. Légère, dorée, croustillante, la pâte feuilletée est la reine des pâtes !

• Ce qu'il faut savoir : on appelle *détrempe* un mélange de farine, d'eau et de sel. À cette détrempe, on ajoute un morceau de beurre, qui l'assouplit et facilite le *tourage*, c'est-à-dire le procédé de pliages successifs. Car, une bonne pâte feuilletée, c'est une superposition de couches très fines de beurre et de détrempe. En pratique, on enferme le beurre de façon hermétique entre deux couches de détrempe, on étale le tout, et on plie en trois.

• C'est ce qu'on appelle un *tour*. Comme l'opération est répétée six fois, on obtient à la fin une superposition de plusieurs centaines de feuilles successives. Un vrai régal !

Ma pâte feuilletée

140 g de beurre fondu • 8 g de sel • 18 cl d'eau froide • 400 g de farine • 300 g de beurre froid • farine pour le plan de travail

1 mélangeur • 1 rouleau à pâtisserie

• Mélangez doucement le beurre fondu refroidi avec le sel et l'eau froide. Mettez la farine dans le bol du mélangeur et incorporez doucement le mélange beurre fondu-sel-eau. Quand la pâte commence à former une boule, retirez-la ; c'est ce qu'on appelle la détrempe. Faites une incision en croix sur le dessus, enveloppez-la dans un torchon et entreposez au moins 30 minutes au réfrigérateur.

• Posez le beurre froid sur un morceau de papier sulfurisé, aplatissez-le avec le rouleau à pâtisserie pour obtenir un carré d'une épaisseur de 1 cm environ.

• Étalez ensuite la détrempe en croix. Le carré central doit avoir à peu près la taille du carré de beurre, voire un peu plus grand. L'épaisseur du carré central doit être de 1,5 cm, soit le double des 4 bords. Posez le beurre au centre de la détrempe sur le carré. Rabattez les bords, l'un après l'autre par-dessus, comme s'il s'agissait d'une enveloppe. Vérifiez que la pâte enrobe hermétiquement le beurre. Avec le rouleau, appuyez sur les 2 extrémités, ce qui va permettre à la pâte de ne pas se déformer.

• Farinez le plan de travail. Étalez la pâte en longueur en triplant la surface du carré. Avec une balayette ou un chiffon, retirez l'excédent de farine sur la pâte. Pliez la pâte en 3 en amenant la première partie aux 2/3 de la distance qui la sépare de l'autre bout, puis repliez l'autre morceau par-dessus. Vous venez de finir le premier tour.

• Faites pivoter la pâte d'1/4 de tour, puis étalez de nouveau la pâte comme la première fois. Puis pliez-la de nouveau en 3. Le deuxième tour est effectué, enfoncez 2 doigts au milieu de la pâte pour marquer ce premier double tour et vous en souvenir quand vous la retirerez du réfrigérateur. Enveloppez la pâte dans un torchon et mettez-la au réfrigérateur pendant au moins 30 minutes pour permettre au beurre de refroidir.

• Procédez ensuite exactement de la même façon pour le troisième et le quatrième tour. Marquez la pâte de 4 marques de doigts, enveloppez-la dans un torchon et mettez-la au réfrigérateur toujours pendant 30 minutes.

• Faites ensuite le cinquième et le sixième tour. Emballez la pâte dans le torchon et mettez-la au réfrigérateur encore pendant 30 minutes. La pâte feuilletée est alors prête à l'emploi.

Tourtes de pommes de terre aux herbes

Pour 2 personnes

300 g de pâte feuilletée • 200 g de pommes de terre (Belles de Fontenay) • 1/2 tête d'ail • 1 brindille de thym • 1 bouquet de persil plat • 1 petit bouquet de ciboulette • 2 œufs • 10 cl de crème fraîche liquide • sel et poivre • farine pour le plan de travail

1 rouleau à pâtisserie

① Lavez les pommes de terre, mettez-les, non pelées, dans une casserole et couvrez-les d'eau froide. Ajoutez la demi-tête d'ail coupée en 2, la brindille de thym et un peu de sel. Faites cuire 15 à 20 minutes à partir de l'ébullition.

② Pelez les pommes de terre cuites et coupez-les en rondelles de 5 mm. Lavez, essorez et hachez le persil et la ciboulette. Mettez les pommes de terre dans un saladier, ajoutez 1 bonne cuillerée à soupe de ciboulette, autant de persil et un tour de moulin à poivre. Mélangez délicatement.

③ Étalez la pâte feuilletée, à l'aide d'un rouleau à pâtisserie, sur un plan de travail fariné, en lui donnant une épaisseur de 2 à 3 mm. Découpez dans cette abaisse 4 cercles de 12 cm de diamètre. Retournez ces 4 cercles sur une plaque de cuisson, retirez l'excédent de farine à l'aide d'un pinceau, puis entreposez-les au réfrigérateur pendant au moins 20 minutes.

④ Préparez la dorure en battant 1 œuf avec une pointe de sel.

⑤ Quand la pâte feuilletée est froide, humidifiez d'eau froide les bords de 2 cercles, sur 1 à 2 cm de largeur, avec un pinceau. Formez ensuite sur chaque cercle une rosace avec les rondelles de pommes de terre, en laissant un bord libre autour d'1 à 2 cm. Comptez 12 rondelles de pommes de terre par tourte. Préchauffez le four à 180 °C (thermostat 5).

⑥ Recouvrez ces 2 cercles des 2 autres, puis appuyez tout autour avec le pouce de manière à bien faire adhérer les pâtes entre elles. Dorez les tourtes en prenant soin de ne pas déborder sur la plaque : la pâte resterait collée et ne monterait pas correctement.

⑦ Avec la pointe d'un petit couteau, faites un petit cercle au centre de chaque tourte afin de pouvoir y glisser une cheminée en aluminium. Posez ces 2 petits cercles sur la plaque de cuisson des tourtes. Réalisez une décoration sur la surface des tourtes (facultatif). Puis chiquetez les bords des tourtes (c'est-à-dire appuyez légèrement sur les bords de la pâte avec le dos de la lame d'un couteau et remontez vers l'intérieur, comme pour faire une virgule). Glissez les cheminées au centre des tourtes.

⑧ Mettez la plaque au réfrigérateur pendant 10 minutes. Puis glissez-la au four pendant 20 minutes. À mi-cuisson, retirez les petits cercles de pâte et réservez-les.

⑨ Mélangez la crème fraîche avec le jaune de l'œuf restant, du sel et du poivre. Sortez les tourtes du four et versez dans chacune d'elles, par les cheminées, 3 cuillerées à soupe de crème. Repassez les tourtes au four pendant encore 5 minutes.

⑩ Quand les tourtes sont cuites, retirez les cheminées et remplacez-les par les petits cercles de pâte, servez aussitôt.

> Ces tourtes se servent en plat principal avec une salade.

Soupe des îles en croûte

Pour 2 personnes

200 g de pâte feuilletée • 25 cl d'eau • 50 g de sucre semoule • 15 cl de jus d'ananas • 2 bâtons de cannelle • 1/2 gousse de vanille • 1 branche de citronnelle • 1 clou de girofle • 10 grains de poivre noir • 1 kiwi • 2 mini-bananes • 1 morceau d'ananas de 200 g • 1 mangue • 1 œuf • 1 pincée de sel • farine pour le plan de travail

1 rouleau à pâtisserie • 2 soupières individuelles allant au four

① Dans une casserole, portez l'eau à ébullition avec le sucre semoule et le jus d'ananas. À l'ébullition, ajoutez les bâtons de cannelle, la demi-gousse de vanille fendue en 2, la branche de citronnelle coupée en 2, le clou de girofle et les grains de poivre. Laissez refaire 1 ou 2 bouillons, couvrez, retirez du feu et laissez infuser à température ambiante jusqu'à complet refroidissement.

② Étalez la pâte feuilletée à l'aide d'un rouleau à pâtisserie sur un plan de travail fariné en lui donnant une épaisseur de 2 à 3 mm. Taillez dans cette abaisse 2 cercles de 2 à 3 cm de plus que le diamètre des soupières. Posez ces cercles sur une plaque et réservez-les au réfrigérateur.

③ Pelez le kiwi et coupez-le en 6. Pelez les bananes et coupez-les en 2. Retirez l'écorce et le cœur du morceau d'ananas et coupez-le en 6. Pelez la mangue et coupez-la en 6.

④ Répartissez équitablement les morceaux de fruits dans les 2 soupières. Quand l'infusion est froide, retirez le clou de girofle et les grains de poivre. Mettez dans chaque soupière 1 bâton de cannelle, 1 morceau de citronnelle et de gousse de vanille. Puis remplissez les soupières d'infusion, à hauteur des fruits. Préchauffez le four à 200 °C (thermostat 6).

⑤ Sortez les cercles de pâte feuilletée du réfrigérateur. À l'aide d'un pinceau, humidifiez la surface des 2 cercles. Retournez ces cercles et posez-les sur chaque soupière, face humidifiée vers le bas, de façon à les recouvrir. Faites adhérer la pâte feuilletée en pressant avec les doigts.

⑥ Préparez une dorure en battant l'œuf avec une pincée de sel. À l'aide d'un pinceau, badigeonnez le feuilletage de la dorure, en prenant garde de ne pas déborder. Réservez au réfrigérateur pendant au moins 10 minutes.

⑦ Glissez les soupières au four pendant 20 minutes. Sortez-les du four et servez aussitôt.

Comme les allumettes, ces soupes peuvent être préparées la veille et réservées au réfrigérateur jusqu'à leur cuisson au four.

Allumettes fourrées aux noix et bleu d'Auvergne

Pour 4 personnes

400 g de pâte feuilletée • 150 g de bleu d'Auvergne • 40 g de cerneaux de noix • 20 g de beurre • 25 g de farine • 25 cl de lait • 1 pincée de noix de muscade • 3 œufs • sel et poivre • farine pour le plan de travail

1 rouleau à pâtisserie

① Faites fondre le beurre dans une casserole sans le laisser colorer. Ajoutez la farine, mélangez bien au fouet sur feu doux et faites cuire pendant 2 à 3 minutes. Incorporez le lait bien froid toujours en mélangeant et portez à ébullition. Salez légèrement, poivrez, ajoutez une pincée de noix de muscade et laissez cuire 2 minutes à petits bouillons.

② Coupez le bleu d'Auvergne en petits morceaux. Hachez les cerneaux de noix. Hors du feu, incorporez à la béchamel, avec la spatule, 2 jaunes d'œufs, le bleu, les cerneaux de noix, mélangez et laissez refroidir.

③ Étalez la pâte feuilletée à l'aide d'un rouleau à pâtisserie sur un plan de travail fariné en lui donnant une épaisseur de 2 mm maximum. Taillez 8 rectangles de 14 cm sur 7 dans cette abaisse. Humectez légèrement d'eau froide, à l'aide d'un pinceau, 4 rectangles (sur 1 seule face). Disposez 1 bonne cuillerée à soupe de béchamel au bleu au centre de ces 4 rectangles, en évitant d'en mettre sur les bords. Recouvrez des 4 autres rectangles, appuyez légèrement tout autour. Entreposez ces allumettes 5 minutes au réfrigérateur, le temps que la pâte refroidisse.

④ Préchauffez le four à 190 °C (thermostat 5-6). Préparez la dorure en battant 1 œuf avec une pointe de sel.

⑤ Appuyez à nouveau tout autour des allumettes afin de bien faire adhérer les bords entre eux. Passez la dorure sur les allumettes. Réalisez une petite décoration dessus (facultatif). Entreposez une seconde fois au réfrigérateur pendant 10 minutes.

⑥ Enfournez et faites cuire pendant 20 minutes. Servez à la sortie du four avec une salade d'endives, par exemple.

Fatima Hal

« Mansouria »
(Paris, XIᵉ)

La cuisine marocaine est une affaire de femme. Subtilité, finesse, inspiration font partie d'un rituel culinaire qui plonge loin ses racines dans une tradition fleurant la menthe, l'orange et le basilic. À Paris, Fatima Hal, du *Mansouria*, est parvenue à concilier le respect du passé avec la créativité et le dynamisme du présent. Couscous au pistil de safran, tagine à la daurade rose, pastilla au lait... le résultat est exquis. En vraie magicienne, elle n'a pas son pareil pour doser les plus rares épices et revisiter les plats de ses ancêtres.

La cuisine marocaine

• La cuisine marocaine est l'une des meilleures du monde. Elle a d'ailleurs, au cours des siècles, influencé la cuisine française du Sud-Ouest. Sans elle, la célèbre tourtière landaise n'existerait pas. Comparable aux contes des *Mille et Une Nuits*, elle nous ouvre les portes d'un paradis bien réel, aux saveurs épicées. Car, au Maroc, l'épice est reine.

• Le cumin, d'abord, fort autoritaire, qui donnera, utilisé avec prudence, le ton juste à un plat. Le clou de girofle, ensuite, qui, broyé dans la pâte d'amande, est le comble du raffinement. Mais aussi la cannelle, séductrice, indispensable à la célèbre pastilla. Enfin, les poivres et les piments qui réchauffent mais n'emportent jamais la bouche et mettent les autres épices en valeur.

• Quant au célèbre couscous, que dire, sinon qu'il a acquis depuis longtemps ses lettres de noblesse... Attention, une précision : ne confondez pas semoule et couscous. Le couscous est de la semoule de blé dur dont les grains ont été enrobés de farine et anoblis par le savoir-faire de la femme.

• Car, répétons-le : la cuisine marocaine est, à l'origine, une merveilleuse cuisine de femme.

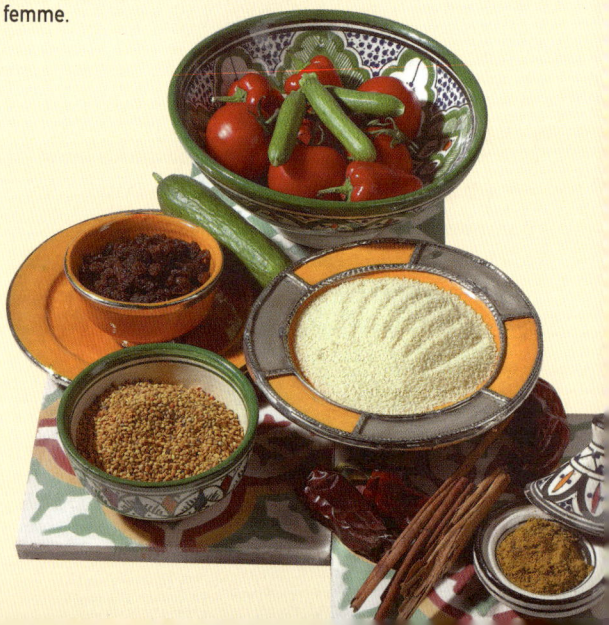

▶ Le tour de main de Robuchon

Le thé à la menthe

Au Maroc, le thé à la menthe occupe une place de choix dans l'univers quotidien. Il est symbole d'hospitalité. Il clôt un repas, ponctue une discussion, ou scelle une alliance. Mais, avant tout, dans le thé, il y a le savoir-faire.

• Il faut commencer par rincer et chauffer la théière. Pour cela remplissez-la d'eau bouillante, puis videz-la.

• Ensuite, il faut nettoyer le thé. Dans la théière, mettez 1 bonne cuillerée à soupe de thé vert et 1 botte de menthe fraîche. Versez 20 cl d'eau bouillante, remettez le couvercle, remuez la théière, puis jetez l'eau.

• Ajoutez 12 à 14 morceaux de sucre environ dans la théière et remplissez-la d'eau bouillante. Remuez le tout à l'aide d'une cuillère à soupe, jusqu'à dissolution complète du sucre.

• Remplissez un verre de l'infusion et reversez-le dans la théière. Renouvelez l'opération au moins 3 à 4 fois, pour bien mélanger et aérer le thé jusqu'au goût désiré. Une fois infusé, après 5 minutes environ, servez-le dans les verres en l'aérant bien.

• Le thé est toujours servi brûlant, mais il est de bon ton de ne jamais souffler sur le breuvage bouillant. On se doit d'attendre et de juger, au contact du verre, quand il aura atteint la bonne température, pour le boire avec délectation.

Couscous

Pour 6 personnes

500 g de couscous fin ou moyen • 4 bonnes cuil. à soupe d'huile d'olive • 75 g de beurre • sel

1 couscoussier

① Prenez garde de bien acheter du couscous et non pas de la semoule. Le secret pour bien réussir le couscous est de le cuire en 3 fois.

② Remplissez la partie inférieure du couscoussier d'une grande quantité d'eau et portez-la à ébullition. Dans un récipient, mélangez bien le couscous avec l'huile d'olive. Puis versez le couscous dans la partie supérieure du couscoussier et placez-la sur la partie inférieure. Ne couvrez surtout pas, laissez-le cuire ainsi jusqu'à ce que la vapeur passe à travers sur toute la surface (ce qui prend 3 à 4 minutes).

③ Lorsque l'eau s'évapore bien, sur toute la surface, retirez le couscous et versez-le dans un grand plat, mouillez-le avec de l'eau, environ 4 cuillerées à soupe d'eau, et travaillez-le avec une cuillère, de façon à aérer les grains. Reversez le couscous dans le couscoussier et, comme la fois précédente, attendez que la vapeur passe à travers le couscous sur toute la surface avant de le retirer.

④ Quand la vapeur s'échappe uniformément du couscous, retirez-le et reversez-le dans le plat, mouillez-le à nouveau avec 4 cuillerées à soupe d'eau environ, ajoutez 1 cuillerée à café de sel et aérez à nouveau. Si des boules de couscous se forment, écrasez-les avec le dos de la cuillère, puis remettez-le dans le couscoussier.

⑤ Lorsque la vapeur traverse régulièrement le couscous, débarrassez-le dans le plat et incorporez-y 75 g de beurre coupé en petits morceaux. Le couscous est prêt, maintenez-le au chaud dans le couscoussier, le temps que les convives passent à table.

Carottes au jus d'orange

Pour 6 personnes

6 carottes • 1 orange bien juteuse • 1 cuil. à soupe de sucre en poudre • 1 cuil. à café de cannelle • 1 cuil. à soupe d'eau de fleur d'oranger • 1 grenade • 50 g d'amandes concassées • quelques feuilles de menthe

① Pelez les carottes et râpez-les finement. Pressez l'orange. Mélangez dans un saladier les carottes avec le jus d'orange, le sucre en poudre et la cannelle. Laissez infuser pendant 1/2 heure pour que les carottes soient un peu confites et s'imprègnent des parfums.

② Ajoutez la fleur d'oranger dans les carottes, mélangez et dressez-les sur une grande assiette.

③ Coupez la grenade en 2, récupérez les graines et disposez-les sur les carottes. Parsemez une partie des amandes sur les carottes et le reste tout autour. Décorez avec quelques feuilles de menthe et servez en entrée.

Salade d'oranges aux dattes et aux noix

Pour 6 personnes

1 kg d'oranges juteuses • 100 g de sucre en poudre • 1 cuil. à café de cannelle en poudre • 20 dattes • 50 g de noix concassées • 1 cuil. à café de fleur d'oranger • 10 feuilles de menthe • 1 cuil. à soupe de sucre glace

① Pelez les oranges à vif en retirant soigneusement la peau blanche qui est amère. Retirez les entames et coupez les oranges en tranches. Disposez les tranches sur un plat de service, les unes à côté des autres, en les faisant se chevaucher légèrement.

② Saupoudrez les oranges du sucre en poudre et de la cannelle. Dénoyautez 10 dattes, coupez-les en petits bâtonnets et disposez-les harmonieusement sur les oranges. Parsemez les oranges des noix concassées et de la fleur d'oranger.

③ Décorez cette salade d'oranges avec les 10 dattes entières et les feuilles de menthe. Réservez au réfrigérateur pendant 30 minutes (maximum 2 heures), pour que les oranges rendent un peu de jus. Au moment de servir, saupoudrez les dattes entières d'un petit peu de sucre glace. Ce dessert se déguste bien frais.

Cornes de gazelle aux graines de sésame

Pour 4 personnes

250 g de poudre d'amandes • 125 g de beurre •
125 g de sucre en poudre • 1 cuil. à soupe de fleur
d'oranger • 125 g de graines de sésame doré au
four • 2 œufs

① Faites fondre le beurre dans une petite casserole sans coloration.
Mélangez dans un récipient la poudre d'amandes et le sucre, puis ajoutez le beurre fondu et la fleur d'oranger, mélangez bien.

② Préchauffez le four à 200 °C (thermostat 6).

③ Formez les cornes de gazelle : avec la pâte, faites 8 petites boules de
la taille d'un petit œuf, roulez-les en forme de cigare puis en forme de
croissant en les recourbant. Réservez-les sur la plaque du four.

④ Cassez les œufs, récupérez uniquement les blancs et versez-les dans un
bol. Mettez les graines de sésame sur une assiette. À l'aide d'un pinceau,
badigeonnez les cornes de gazelle de blancs d'œuf. Puis roulez-les dans
les graines de sésame et disposez-les à nouveau sur la plaque de four.

⑤ Mettez-les au four pendant 10 minutes. Quand elles sont cuites, retirez-les du four et laissez-les refroidir avant de les déguster.

Marc Marchand

« Le Meurice »
(Paris, 1ᵉʳ)

Marc Marchand exerce ses talents dans l'un des plus délicieux palaces de la capitale, *Le Meurice*. Ors, scintillement des lustres et des miroirs, merveille du plafond peint et tableaux de maîtres, on se croirait dans un petit Versailles, en plus affable et plus intime. L'art de Marc Marchand est à l'image du décor : précis, délicat et, en dépit du cadre ancien, bien actuel. Voilà tout à fait les qualités exigées pour tirer le meilleur parti des palourdes avec les recettes que nous allons vous présenter cette semaine...

Les palourdes

• La palourde est l'un des coquillages les plus fins. Présentée sur un plateau de fruits de mer, elle se consomme crue. Mais on peut également la cuisiner et la préparer à la marinière, farcie, etc.

• C'est le coquillage qui procure le jus de cuisson le plus subtil et le plus « goûteux ».

• Lorsque vous l'achetez, la palourde doit être hermétiquement fermée, avec un parfum très franc de fraîcheur marine, un nez délicat de sable et d'algues.

• On peut l'associer avec des champignons, du potiron, du thym, de la ciboulette, de la moutarde, des vinaigres, etc.

• Mais attention ! Pour garder toute la subtilité de ce coquillage, il doit être très peu cuit, ce qui permet une véritable « explosion » des saveurs.

Mes palourdes farcies

Pour 2 personnes :

24 palourdes • 20 cl de vin blanc • 2 échalotes • 200 g de champignons de Paris • 1/2 citron • 3 noix de beurre + 125 g en pommade • 1 botte de persil plat • 1 gousse d'ail • sel et poivre • gros sel

1 mixeur

• Pelez et hachez finement 1 échalote. Versez le vin blanc dans une casserole, ajoutez l'échalote et du poivre du moulin. Faites ouvrir sur feu vif les palourdes dans ce mélange. Quand elles sont ouvertes, décortiquez-les. Posez autant de 1/2 coquilles que de palourdes dans un plat de service sur un lit de gros sel.

• Pendant que les palourdes refroidissent, retirez le bout terreux des champignons, passez les champignons sous l'eau froide et épongez-les. Pressez le jus du demi-citron. Mettez les champignons dans un mixeur avec le jus de citron. Mettez le hachis obtenu dans un torchon et pressez-le pour en extraire toute l'eau.

• Pelez et hachez finement la deuxième échalote. Dans une petite casserole, mettez 3 noix de beurre avec l'échalote et 1 pincée de sel et faites suer pendant 1 minute le temps que l'échalote devienne translucide. Ajoutez ensuite le hachis de champignons, mélangez, salez, poivrez et laissez cuire pendant 2 à 3 minutes tout en mélangeant. Mettez dans une assiette et laissez refroidir au réfrigérateur.

• Lavez, essorez et hachez le persil plat. Pelez et hachez finement la gousse d'ail. Une fois le hachis de champignons bien froid, mélangez-le avec le beurre en pommade, ajoutez 2 cuillerées à soupe de persil haché, la gousse d'ail, salez, poivrez et mélangez.

• Mettez une palourde par demi-coquille. Avec une spatule ou une cuillère, garnissez chaque demi-coquille de la préparation, en recouvrant bien la palourde.

• Allumez le four sur position gril, passez les palourdes pendant 2 minutes et servez-les aussitôt.

Velouté de potiron aux palourdes

Pour 2 personnes

24 palourdes • 250 g de chair de potiron • 1 oignon • 20 cl de bouillon de volaille • 1 petite échalote • 1 tige de persil • 1 éclat de feuille de laurier • 1 brindille de thym • 5 cl de vin blanc • 1 petite botte de ciboulette • 5 cuil. à soupe de crème fraîche liquide • sel et poivre

1 mixeur

① Coupez la chair de potiron en morceaux. Pelez et hachez l'oignon. Faites-le suer dans une cocotte avec 1 à 2 cuillerées à soupe d'eau et une pointe de sel. Lorsque l'oignon est translucide, ajoutez la chair de potiron, mouillez avec le bouillon de volaille et 15 cl d'eau. Faites cuire à frémissements pendant 20 minutes.

② Au bout de 20 minutes, vérifiez la cuisson du potiron, les morceaux doivent être facilement traversés par la lame d'un couteau. Quand il est cuit, mixez le tout, vérifiez l'assaisonnement et maintenez au chaud.

③ Pelez et émincez l'échalote. Passez sous l'eau la tige de persil, l'éclat de feuille de laurier et la brindille de thym.

④ Dans une grande casserole, versez le vin blanc et 5 cl d'eau, ajoutez l'échalote, le persil, le laurier et le thym, disposez les palourdes les unes à côté des autres, poivrez et couvrez. Mettez sur feu vif et faites cuire jusqu'à ce que les palourdes s'ouvrent. Dès que l'eau et le vin blanc commencent à frémir, comptez environ 1 à 2 minutes de cuisson.

⑤ Versez la crème dans un récipient placé dans un autre plus grand contenant des glaçons, et fouettez-la jusqu'à ce qu'elle soit mousseuse.

⑥ Retirez les palourdes de leur coquille et dressez-les au centre dans un plat creux, versez le velouté de potiron tout autour, nappez les palourdes de crème fouettée, parsemez-les d'1 cuillerée à café de ciboulette ciselée et d'un peu de poivre. Servez aussitôt en entrée.

Salade de palourdes aux pommes rattes

Pour 2 personnes

24 palourdes • 3 pommes de terre calibrées (rattes) • 40 g de barbe de capucin • 10 g de feuilles de cresson • 2 échalotes • 1 tige de persil plat • 1 éclat de feuille de laurier • 1 brindille de thym • 1 bouquet de ciboulette • 10 cl de vin blanc • 1 cuil. à café de moutarde à l'ancienne • 1 cuil. à soupe de vinaigre de vin rouge • 3 cuil. à soupe d'huile de colza • sel et poivre • gros sel

① Lavez les pommes de terre, mettez-les, non pelées, dans une casserole, recouvrez-les d'eau froide, ajoutez une pincée de gros sel et faites-les cuire à faible ébullition pendant 40 minutes environ. Elles sont cuites quand elles sont facilement traversées par la pointe d'un couteau.

② Pelez et émincez 1 échalote. Passez sous l'eau la tige de persil, le laurier et la brindille de thym. Lavez et égouttez les 2 sortes de salade.

③ Dans une grande casserole, versez 5 cl de vin blanc avec 5 cl d'eau, ajoutez l'échalote émincée, le persil, le laurier et le thym, disposez les palourdes les unes à côté des autres, poivrez et couvrez. Mettez sur feu vif et faites chauffer jusqu'à ce que les palourdes s'ouvrent. Dès que l'eau et le vin blanc commencent à frémir, comptez environ 1 à 2 minutes de cuisson. Retirez les palourdes de leur coquille et maintenez-les au chaud dans leur jus de cuisson.

④ Pelez et hachez finement la seconde échalote. Versez le vin blanc restant dans une casserole, donnez-lui une ébullition et retirez-le du feu. Ajoutez dans ce vin blanc l'échalote hachée finement, 1 pincée de sel et de poivre, la moutarde à l'ancienne, le vinaigre de vin et l'huile de colza, mélangez le tout.

⑤ Pelez les pommes de terre tièdes, coupez-les en rondelles. Assaisonnez séparement les pommes de terre, la salade de barbes de capucin et les feuilles de cresson avec les 3/4 de la vinaigrette.

⑥ Rangez harmonieusement les salades au centre du plat et entourez des rondelles de pommes de terre. Égouttez les palourdes et disposez-les sur les pommes de terre. Assaisonnez avec le restant de vinaigrette et parsemez de bâtonnets de ciboulette de 2 à 3 cm de longueur.

Palourdes en vinaigrette à la ventrèche

Pour 2 personnes

24 palourdes • 50 g de ventrèche • 5 cl de vin blanc • 1 petite échalote • 1 éclat de feuille de laurier • 1 tige de persil • 1 brindille de thym • 100 g de pousses d'épinards • 10 g de beurre • sel et poivre • gros sel

Pour la vinaigrette
80 g de tomates séchées • 1,5 cuil. à soupe de vinaigre de vin • 1 cuil. à soupe de vinaigre balsamique • 2 cuil. à soupe d'huile d'olive • 2 cuil. à soupe d'huile de noix • sel et poivre

① Pelez et émincez l'échalote. Passez sous l'eau le persil, le laurier et le thym. Dans une grande casserole, versez le vin blanc et 5 cl d'eau, ajoutez l'échalote, le persil, le laurier et le thym, disposez les palourdes les unes à côté des autres, poivrez et couvrez. Mettez sur feu vif et faites cuire jusqu'à ce que les palourdes s'ouvrent. Comptez 1 à 2 minutes à partir du frémissement. Retirez les palourdes de leur coquille. Maintenez-les au chaud dans leur jus de cuisson et conservez les coquilles.

② Préparez la vinaigrette : coupez les tomates séchées en petits dés. Mélangez dans un saladier le vinaigre de vin avec le vinaigre balsamique, du sel et du poivre, ajoutez ensuite l'huile d'olive, l'huile de noix et les dés tomates, mélangez et réservez.

③ Coupez la ventrèche en fins lardons. Équeutez les pousses d'épinards, lavez-les et égouttez-les. Faites fondre le beurre dans une cocotte, puis ajoutez les lardons et faites-les dorer. Lorsqu'ils sont blonds, mettez les pousses d'épinards, poivrez-les, mélangez bien, faites-les cuire jusqu'à ce qu'elles soient juste tombées.

④ Disposez les demi-coquilles des palourdes dans un plat, sur un lit de gros sel. Garnissez-les des épinards et des lardons de ventrèche. Égouttez les palourdes, maintenues au chaud dans leur jus de cuisson, disposez-en 1 dans chaque coquille, passez le plat au four 30 secondes : le temps de réchauffer le tout, nappez de la vinaigrette à la tomate et servez aussitôt en entrée.

Cassolettes de palourdes aux noisettes et à l'estragon

Pour 2 personnes

24 palourdes • 2 échalotes • 1 tige de persil • 1 éclat de feuille de laurier • 1 brindille de thym • 15 cl de vin blanc sec • 10 cl de bouillon de volaille • 50 g de champignons de Paris bouton • 1 citron • 10 g de noisettes mondées • 25 g de beurre • 1 cuil. à café d'huile de noisette • 1 petit bouquet d'estragon • sel et poivre

① Pelez et émincez une échalote. Passez sous l'eau la tige de persil, l'éclat de feuille de laurier et la brindille de thym. Lavez les palourdes. Dans une grande casserole, versez 5 cl de vin blanc et 5 cl d'eau, ajoutez l'échalote, le persil, le laurier et le thym, disposez les palourdes les unes à côté des autres, poivrez et couvrez. Mettez sur feu vif et faites cuire jusqu'à ce que les palourdes s'ouvrent. Comptez 1 à 2 minutes de cuisson à partir du frémissement. Retirez les palourdes de leur coquille et maintenez-les au chaud dans leur jus de cuisson.

② Pelez et hachez finement la seconde échalote. Mettez-la dans une casserole, versez le bouillon de volaille et le reste de vin blanc, portez à ébullition et faites réduire d'1/3.

③ Lavez, épluchez et coupez en 2 les champignons de Paris. Coupez les noisettes en 2. Filtrez le jus de cuisson des palourdes.

④ Quand le bouillon a réduit, versez-y 5 cl de jus de cuisson des palourdes, attendez l'ébullition avant d'ajouter les champignons et faites-les cuire pendant 2 minutes. Ajoutez les noisettes et donnez un bouillon. Incorporez à ce bouillon le beurre bien froid coupé en petits morceaux, donnez une ébullition, ajoutez l'huile de noisette et donnez une nouvelle ébullition. Rectifiez l'assaisonnement : salez légèrement et poivrez.

⑤ Pressez le citron et versez-en quelques gouttes dans la préparation. Lavez, essorez, concassez l'estragon et ajoutez 1 bonne cuillerée à café dans le mélange. Donnez un bouillon puis ajoutez les palourdes, sans faire bouillir sinon les palourdes durciraient, et mélangez délicatement.

⑥ Servez, bien chaud, dans des petites assiettes creuses, décorez avec quelques feuilles d'estragon.

Philippe Da Silva

« Les Gorges de Pennafort »
(Callas, Var)

Philippe Da Silva a décidé de se retirer dans le Var, pour voler de ses propres ailes. Il a ouvert un restaurant, qui a déjà sa notoriété, *Les Gorges de Pennafort*. Dans cette ancienne bastide provençale couleur ocre rose, solide comme la tradition, le chef a retrouvé les racines et les sources de son terroir : basilic, crème d'olive, marjolaine, mandarine, fraises des bois, des brassées de saveurs pour nous concocter des recettes généreuses et authentiques. La cuisine rustique, endimanchée, est l'une de ses passions. Idéal pour préparer la queue de bœuf !

La queue de bœuf

- La queue de bœuf est tout à la fois le morceau le plus économique et le plus « goûteux » de ce noble animal. Et, si elle suscite parfois des commentaires grivois, c'est que tout vrai gastronome a parfois un côté rabelaisien.
- Qu'elle soit braisée ou longuement compotée, elle permet de réaliser des préparations rustiques, hautes en saveur, et très appréciées des plus fins gastronomes. Intégrée au pot-au-feu, elle corse le bouillon avec bonheur. Froide, sa chair est la base de succulentes salades, de hachis parmentier, de miroton, etc.
- Au moment de l'achat, préférez une queue dont la chair est d'une belle couleur rouge, capée d'une graisse couleur ivoire satinée et abondante. Si la queue est présentée entière, coupez-la en tronçons, puis réunissez-les en les superposant et ficelez-les en couronne. Le cartilage central occupe une place importante par rapport aux fibres musculaires qui l'entourent. Attention ! Commandez toujours votre queue de bœuf la veille, car sa cuisson exige de nombreuses heures. Mais après, quel délice !

▶ Le tour de main de Robuchon

Mon pot-au-feu

Pour un excellent pot-au-feu, la queue de bœuf est une splendeur.

> **Pour 6 personnes :**
>
> 1,3 kg de queue de bœuf • 6 poireaux en botte • 6 carottes • 3 ou 4 navets • 1 ou 2 panais • 2 branches de céleri • 3 oignons piqués de 1 clou de girofle • 1 gousse d'ail dégermée • 1 bouquet garni • gros sel • poivre en grains

• Sachez que le secret de la limpidité du bouillon réside dans le blanchiment de la viande. Pour cela, recouvrez la queue de bœuf d'eau froide. Portez le plus rapidement possible à ébullition et laissez bouillir 2 minutes. Sur feu éteint, retirez l'écume puis la queue de bœuf, rincez-la rapidement à l'eau froide. Jetez l'eau de cuisson.

• Remettez la viande dans une grande casserole, recouvrez-la d'eau froide. Portez à ébullition et commencez à écumer le bouillon dès les premiers frémissements. Réduisez le feu pour obtenir un léger frémissement. Ajoutez alors le bouquet garni, les légumes, les oignons et la gousse d'ail. Salez au gros sel et ajoutez 1 petite poignée de grains de poivre noir.

• Mettez à cuire pendant 5 heures ; le bouillon ne doit jamais bouillir, mais frémir. Certains cuisiniers disent alors que le bouillon sourit. Continuez à écumer et à dégraisser régulièrement. Retirez les légumes au fur et à mesure qu'ils sont cuits et gardez-les au chaud dans un peu de bouillon pour les réchauffer au moment de les servir.

Pour moi, l'élément indispensable pour un bon bouillon est le gingembre. Mais il faut l'ajouter en fine julienne en fin de cuisson car son goût s'atténuerait en cours de cuisson.

Bouillon de queue de bœuf aux légumes à la coriandre et huile d'olive

Pour 6 personnes

1,3 kg de queue de bœuf cuite en pot-au-feu •
4 pommes de terre moyenne (BF 15) • 1 poireau
• 150 g de potiron • 2 navets • 2 carottes • 8 cuil.
à soupe d'huile d'olive • 1,5 l de bouillon du pot-
au-feu • 1 petite botte de coriandre fraîche • sel
et poivre

① La queue de bœuf a été cuite la veille en pot-au-feu. Elle est froide,
retirez la graisse et effilochez la chair. Pelez les pommes de terre, coupez-les en dés d'environ 1/2 cm, lavez-les et égouttez-les. Coupez le
poireau en petits morceaux de 1 cm sur 1/2 cm. Épluchez le potiron, les
navets et les carottes, coupez-les en dés d' 1/2 cm environ.

② Versez 4 bonnes cuillerées à soupe d'huile d'olive dans une cocotte,
ajoutez les morceaux de poireau, salez légèrement et faites suer, en
commençant à froid, sur feu doux, sans coloration pendant environ
5 minutes. Ajoutez et faites suer ensuite les dés de carottes, de navets
et de potiron pendant 5 minutes.

③ Quand les légumes ont sué, ajoutez la queue de bœuf, les dés de
pomme de terre, mouillez avec le bouillon du pot-au-feu et faites cuire
15 minutes à faible ébullition.

④ Lavez, essorez et ciselez la coriandre. Au bout de 15 minutes de cuisson, ajoutez, sur feu éteint, 2 bonnes cuillerées à soupe de coriandre,
mélangez puis dressez en soupière. Ajoutez 4 bonnes cuillerées à soupe
d'huile d'olive dans la soupière juste au moment de servir.

Civet de queue de bœuf aux pruneaux

Pour 4 personnes

4 tronçons de queue de bœuf de 300 g environ • 2 carottes • 2 échalotes • 1 oignon • 5 à 6 cl d'huile d'olive • 40 g de farine • 1,5 l de vin rouge corsé • 1/2 l de fond de veau • 1 bouquet garni • 2 gousses d'ail • 20 g de genièvre • 10 feuilles de sauge • 12 pruneaux • sel et poivre

1 cocotte et son couvercle allant au four • 1 chinois

① Épluchez les carottes, les échalotes et l'oignon, et coupez-les en dés.

② Préchauffez le four à 150 °C (thermostat 3-4). Faites chauffer dans une cocotte 5 à 6 cl d'huile d'olive. Assaisonnez de sel et de poivre les morceaux de queue de bœuf, puis disposez-les, quand l'huile est chaude, dans la cocotte, et faites-les colorer sur toutes les faces. Quand les morceaux sont bien colorés, ajoutez la garniture aromatique (les carottes, les échalotes et l'oignon) et faites-la colorer tout autour des morceaux de viande. Comptez environ 10 minutes de cuisson en tout.

③ Quand les légumes sont colorés, saupoudrez la farine sur ces légumes et les morceaux de viande et mélangez bien pour obtenir une liaison. Laissez cuire la farine 2 à 3 minutes sans coloration, mélangez-la bien au gras de cuisson pour éviter d'avoir des grumeaux.

④ Lorsque la farine est totalement absorbée, ajoutez le vin rouge, mélangez bien, puis ajoutez le fond de veau, le bouquet garni, les gousses d'ail, coupées en 2 et dégermées, les baies de genièvre et les feuilles de sauge, mélangez le tout, portez à frémissements, couvrez et faites cuire 5 heures au four.

⑤ Recouvrez les pruneaux d'eau chaude et laissez-les tremper le temps de cuisson des morceaux de viande de bœuf.

⑥ Au bout de 5 heures de cuisson, retirez les morceaux de viande de la cocotte, posez-les sur une grille. Laissez la garniture aromatique dans la sauce. Faites réduire la sauce à faibles frémissements pour en obtenir 1 litre. Passez ensuite cette sauce au chinois.

⑦ Quand les pruneaux ont gonflé dans l'eau, égouttez-les. Reportez la sauce à ébullition, rectifiez l'assaisonnement. Ajoutez les pruneaux et les morceaux de viande, roulez le tout dans la sauce, donnez une petite ébullition et servez dans un plat de service.

Salade de queue de bœuf aux endives et aux noix

Pour 6 personnes

1 queue de bœuf de 1,5 kg cuite en pot-au-feu • 6 endives • 60 g de raisins secs blonds • 1 pomme (Granny Smith) • 200 g de gruyère • 60 g de cerneaux de noix

Pour la vinaigrette
2 cuil. à soupe de vinaigre de xérès • 6 cuil. à soupe d'huile d'olive • 1 petite botte de ciboulette • sel et poivre

① Recouvrez les raisins secs d'eau chaude et laissez-les gonfler pendant au moins 1 heure.

② Préparez la vinaigrette : lavez, essorez et ciselez la ciboulette. Mélangez dans un récipient le vinaigre de xérès avec un peu de sel et de poivre. Ajoutez ensuite 1 à 2 cuillerées à soupe de ciboulette et l'huile d'olive, mélangez bien et réservez.

③ Épluchez la pomme, retirez les pépins, puis coupez-la en petits dés d'1/2 cm environ. Coupez le gruyère en petits dés d'1/2 cm également. Égouttez les raisins. La queue de bœuf est déjà cuite et froide, retirez le gras et effilochez la chair. Lavez les endives, effeuillez-les et coupez-les en morceaux (gardez quelques pointes pour la décoration finale).

④ Dans un saladier, mélangez les endives avec la queue de bœuf et la vinaigrette. Ajoutez ensuite les dés de pomme et de gruyère, les cerneaux de noix et les raisins. Mélangez bien le tout et vérifiez l'assaisonnement.

⑤ Dressez et décorez cette salade de queue de bœuf en disposant tout autour, harmonieusement, quelques pointes d'endives.

Queue de bœuf aux épices et oignons rouges

Pour 4 personnes

1 queue de bœuf de 1,6 kg coupé en 4 et cuite en pot-au-feu • 5 oignons rouges • 3 betteraves cuites • 6 cuil. à soupe d'huile d'olive • 2 cuil. à café de sucre semoule • 10 cl de vinaigre de vin rouge • 10 cl de bouillon du pot-au-feu • 4 cuil. à soupe de miel • 1 cuil. à café de cumin • 1 pincée de cannelle • 1 pincée de curry • sel et poivre

① Pelez les oignons rouges, coupez-les en 4. Pelez les betteraves, coupez-les en gros bâtonnets comme des frites.

② Faites chauffer l'huile d'olive dans une cocotte. Quand l'huile est chaude, ajoutez les oignons et faites-les colorer sur chaque face. Lorsque les oignons sont bien dorés, ajoutez les bâtonnets de betteraves, salez, poivrez et mélangez. Ajoutez ensuite 2 bonnes cuillerées à café de sucre, le vinaigre, le bouillon de pot-au-feu, et faites cuire à faibles frémissements pendant 30 minutes à couvert. Remuez de temps en temps pendant la cuisson.

③ Faites chauffer le miel dans une cocotte. Lorsque le miel commence à bouillir, incorporez le cumin, la cannelle et le curry, mélangez bien à la spatule, ne faites pas colorer le miel. Ajoutez ensuite les morceaux de queue de bœuf froids, roulez-les dans le miel et faites-les caraméliser de tous les côtés. Laissez-les dorer, doucement, pendant 5 à 7 minutes.

④ Lorsque les morceaux de viande sont bien dorés et imbibés de miel, versez les oignons et les betteraves qui ont compoté 30 minutes. Couvrez et laissez mitonner l'ensemble pendant 1 à 2 minutes sur feu très doux avant de servir.

Guy Ducrest

Pendant vingt ans, Guy Ducrest a été en cuisine mon fidèle complice et j'ai pu apprécier toutes ses qualités : rigueur, sens de la perfection, respect du produit. Son parcours et son expérience en ont fait quelqu'un sur lequel il est possible de se reposer sans arrière-pensée, à tel point qu'au fil des ans il est devenu un ami à toute épreuve. Je suis content qu'il soit à mes côtés cette semaine pour vous présenter des recettes de sole.

La sole

• Majestueuse, la sole est le poisson plat par excellence. Les Romains la surnommaient avec respect la « sandale de Jupiter ». En France, la sole devient à la mode dès le XVIIe siècle, puis prend sa « vitesse gastronomique » avec les grands chefs du XIXe siècle.

• La sole commune est la plus fine, sa chair est ferme, blanche, au goût délicat. Elle peut atteindre 70 cm de long et peser 3 kg.

• Le flanc aveugle doit être d'un blanc éclatant, la peau bien visqueuse, les écailles fermes et bien fixées, les branchies rouges lie-de-vin, l'œil bombé et brillant.

• Évitez l'achat des filets tout prêts, c'est souvent comme cela que les poissonniers indélicats préparent les soles qui ont trop attendu !

► Le tour de main de Robuchon

Voici comment bien dépouiller une sole. Posez-la sur la peau blanche du ventre. À l'aide d'un couteau, pratiquez une légère incision en travers de la queue. Grattez la peau du dos avec la lame du couteau en allant vers la tête, afin de la décoller légèrement. Saisissez cette partie de peau dans un torchon. Maintenez, du bout des doigts de l'autre main, la queue sur la table, et tirez vers la tête, la peau vient toute seule. Retirez ensuite le restant de peau sur le bout de la queue.

Si vous cuisez la sole entière, il faut conserver la peau blanche car elle maintient les chairs. Écaillez-la juste en grattant la sole de la queue vers la tête. Ensuite, avec une paire de ciseaux, coupez toutes les nageoires et le bout de la queue. Si vous voulez supprimer la tête, posez la sole sur le ventre, la queue vers vous. Coupez la tête au-dessous des ouïes, en biaisant sur le côté du ventre, sans entamer les chairs des gros filets.

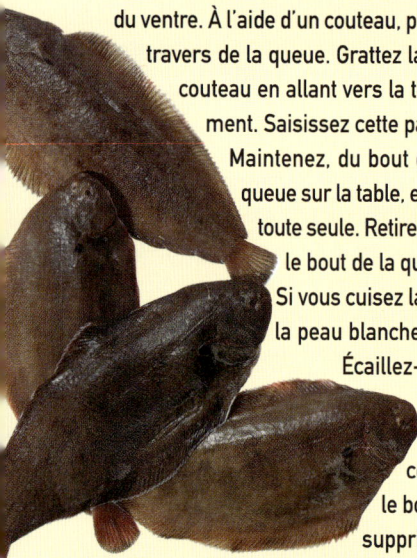

Goujonnettes de filets de sole frites

Pour 2 personnes

1 sole de 600 g • 2 œufs • 1 cuil. à soupe de lait • 1 cuil. à soupe d'huile d'olive • 150 g de farine • 250 g de mie de pain rassis • 1 bouquet de persil frisé • sel et poivre

1 friteuse

① Levez les filets de la sole. Taillez-les en petits goujons (sorte de petites languettes taillées en biais) d'environ 2 cm de large et 5 à 7 cm de long, réservez-les.

② Dans un récipient, battez les œufs avec un peu de sel, de poivre, le lait et l'huile d'olive. Mettez la farine dans un deuxième récipient. Et, dans un troisième, émiettez la mie de pain.

③ Préchauffez la friture à 180 °C.

④ Commencez par rouler les goujonnettes dans la farine, puis dans l'œuf battu et, pour finir, dans la mie de pain. Roulez-les entre les mains et disposez-les sur une assiette.

⑤ Plongez les goujonnettes dans la friteuse. Dès qu'elles sont blondes, retirez-les, déposez-les sur du papier absorbant et salez-les légèrement. Faites frire aussi quelques pluches de persil pendant quelques secondes et salez-les également.

⑥ Servez ces goujonnettes de sole avec les pluches de persil frites, un filet de citron ou une sauce tartare ou moutarde.

Accompagnez de pommes à l'anglaise.

Tronçons de sole à la dugléré

Pour 4 personnes

2 soles de 600 g • 4 petites tomates • 1 gros oignon rouge • 4 échalotes • 100 g de beurre • 40 cl de fumet de poisson • 1 petit bouquet de cerfeuil • sel et poivre

① Retirez la peau des soles, ébarbez-les, coupez-les en 2 dans la longueur puis en 3 dans la largeur, afin d'obtenir 6 tronçons par sole.

② Lavez les 4 tomates, plongez-les dans de l'eau bouillante pendant 30 secondes, rafraîchissez-les, pelez-les, épépinez-les et coupez-les en petits dés. Pelez et hachez l'oignon et les échalotes.

③ Mettez dans une sauteuse les échalotes et l'oignon avec 40 g de beurre et faites-les suer sans coloration sur feu doux. Lorsque les échalotes et l'oignon sont translucides, ajoutez les tomates et mélangez. Assaisonnez de sel et de poivre les tronçons de sole et disposez-les dans la sauteuse. Mouillez avec le fumet de poisson, portez à frémissements, puis couvrez et laissez cuire ainsi 10 minutes.

④ Au bout de 10 minutes de cuisson, vérifiez la cuisson du poisson en soulevant l'arête d'un des tronçons ; si elle se détache facilement, les morceaux de sole sont cuits. Dressez ces tronçons dans un plat de service et maintenez-les au chaud en les recouvrant d'une feuille d'aluminium.

⑤ Faites réduire la sauce de moitié à feu plus vif tout en mélangeant bien afin qu'elle n'attache pas. Lavez, essorez et ciselez le cerfeuil. Quand la sauce a réduit, incorporez délicatement, à l'aide d'une spatule en bois, 60 g de beurre bien froid coupé en petits morceaux, à feu doux sans faire bouillir. Salez, poivrez, ajoutez 2 bonnes cuillerées à soupe de cerfeuil et mélangez.

⑥ Découvrez les tronçons de sole de la feuille d'aluminum, nappez-les de la sauce et servez aussitôt.

Sole poêlée aux courgettes

Pour 1 personne

1 sole de 250 g • 1 petite courgette • 5 cl de lait • 50 g de farine • 2 cl d'huile d'arachide • 40 g de beurre • 1 citron • 1 petite botte de ciboulette • sel et poivre

① Faites préparer la sole par votre poissonnier en la faisant ébarber, en retirant seulement la peau noire et en écaillant la peau blanche.

② Versez le lait dans un récipient, salez et poivrez. Mettez la farine dans un deuxième récipient. Passez la sole dans le lait, égouttez-la, puis passez-la dans la farine et secouez-la délicatement pour faire tomber l'excédent de farine. Réservez la sole sur une assiette, côté peau blanche sur le dessus.

③ Faites chauffer, sur feu doux, 1 cl d'huile d'arachide dans une poêle avec 10 g de beurre. Dès que le beurre devient blond, disposez la sole côté peau blanche dans la poêle et faites-la colorer, toujours sur feu doux, pendant 4 minutes de chaque côté, tout en l'arrosant régulièrement avec sa matière grasse de cuisson. Arrosez principalement la partie la plus épaisse de la sole qui est plus longue à faire cuire. Vérifiez la cuisson de la sole en soulevant, à l'aide d'un couteau, l'arête du côté épais de la sole ; si elle se détache facilement, la sole est cuite. Sectionnez et retirez ce bout de l'arête. Réservez la sole sur un plat de service.

④ Lavez la courgette, coupez-la en tranches légèrement en biseau. Faites chauffer 1 cl d'huile d'arachide avec 10 g de beurre. Quand le beurre devient blond, faites colorer les lames de courgettes pendant 1 à 2 minutes de chaque côté. Lorsqu'elles sont cuites, salez-les et poivrez-les. Dressez-les ensuite harmonieusement sur la sole en les faisant se chevaucher légèrement.

⑤ Pressez le citron. Lavez et essorez la ciboulette et ciselez-la. Faites fondre le reste de beurre dans une poêle ; lorsqu'il est noisette, ajoutez un filet de jus de citron et versez ce beurre citronné sur la sole. Parsemez la sole de ciboulette ciselée et servez aussitôt.

Sole au plat du père Benoît

Pour 2 personnes

2 soles de 250 g • 1/2 l de moules de Bouchot •
30 g de beurre • 2 échalotes • 1 citron • 10 cl de
cidre brut • 1 bouquet de cerfeuil • 10 cl de crème
fraîche liquide • sel et poivre

① Préchauffez le four à 220 °C (thermostat 7).

② Ébarbez les soles, retirez la peau noire, conservez la peau blanche et grattez-la. Disposez les soles côté peau sur une assiette, incisez le côté chair des soles ; au niveau de l'arête centrale, soulevez légèrement les filets en allant du centre vers les bords et glissez-y 5 g de beurre.

③ Pelez et hachez les échalotes. Pressez le citron. Beurrez un plat allant au four avec 20 g de beurre, parsemez le plat des échalotes et disposez les soles, côté peau blanche en-dessous. Salez-les, poivrez-les et mouillez avec le jus de citron et le cidre. Glissez le plat dans le four pendant 10 minutes.

④ Grattez et nettoyez les moules. Mettez-les dans une casserole, poivrez-les, couvrez et faites-les cuire à feu doux jusqu'à ce qu'elles perdent leur eau. Puis, sur feu plus fort, jusqu'à ce qu'elles s'ouvrent. Dès que les moules sont ouvertes, décortiquez-les, récupérez le jus de cuisson, filtrez-le et réservez-le.

⑤ Au bout de 10 minutes, vérifiez la cuisson des soles : à l'aide d'un couteau, soulevez l'arête du côté épais de la sole ; si elle se détache facilement, la sole est cuite. Sectionnez et retirez ce bout de l'arête.

⑥ Lavez, essorez et ciselez le cerfeuil. Une fois les soles cuites, ajoutez la crème fraîche dans le plat, le jus de cuisson des moules, les moules, parsemez de cerfeuil, salez et poivrez. Remettez au four, toujours à 220 °C, pendant 3 à 4 minutes, le temps de bien réchauffer le tout puis servez bien chaud.

Christophe Chabanel

« La Dinée »
(Paris, XVᵉ)

Passionné, Christophe Chabanel, du restaurant *La Dinée*, dans le XVᵉ arrondissement, est un jeune cuisinier plein de talent, qui voue une admiration sans bornes à son maître Pierre Gagnaire, aujourd'hui le cuisinier le plus créatif de Paris. Lui-même n'est pas en manque d'idées et sait faire preuve d'invention, voire de poésie, même avec des ingrédients et des produits en apparence tout à fait modestes. Ainsi a-t-il imaginé autour de la betterave des recettes étonnantes que nous vous présentons cette semaine...

La betterave

• La betterave potagère est connue et consommée depuis l'Antiquité. Le plus souvent dégustée en salade, elle peut également se cuisiner et, servie chaude, elle constitue une savoureuse garniture.

• Les betteraves crues ne se trouvent que très occasionnellement.

• Généralement, sur les marchés, la betterave est déjà cuite. Les meilleures sont celles cuites au four. On les reconnaît à leur peau ridée, presque noire. Elles sont plus savoureuses que celles cuites à l'eau qui ont perdu toute une partie de leur goût, alors qu'elles ont un aspect plus attrayant.

• Sachez que les petites betteraves sont meilleures que les grosses, souvent trop fibreuses.

• Personnellement, j'aime bien les servir avec des saveurs relevées, épicées, acidulées, voire avec du gibier.

▶ Le tour de main de Robuchon

Ma sauce au jus de betterave crue

La betterave crue fournit un excellent jus qui procure aux sauces une sapidité vineuse.

3 ou 4 betteraves crues • 1 cuil. à soupe de vinaigre • 2 échalotes • 175 g de beurre • le jus d'1/2 citron • sel et poivre

1 centrifugeuse

• À la centrifugeuse, extrayez 20 cl de jus de betteraves crues. Ajoutez le vinaigre à ce jus pour atténuer le goût terreux de la betterave.

• Pelez et hachez finement les échalotes. Faites-les suer dans une bonne noix de beurre (25 g environ) avec une petite pincée de sel. Lorsque les échalotes sont translucides, ajoutez le jus de betterave et faites-le réduire de 2/3.

• Comme pour un beurre fondu, incorporez en fouettant 150 g de beurre bien froid coupé en parcelles, petit à petit sur feu très doux, surtout ne faites pas bouillir. Une fois le beurre incorporé, éteignez le feu. Salez, poivrez et ajoutez le jus de citron.

Servez ce délicieux beurre rouge légèrement acidulé en accompagnement d'un poisson, c'est un régal.

Purée de betterave rouge

Pour 4 personnes

300 g de betteraves rouges cuites • 1 oignon • 2 tomates • 1 gousse d'ail • 1 brindille de thym • 2 cuil. à soupe de crème fraîche liquide • 2 cuil. à soupe d'huile de colza • 2 cl de vinaigre de vin rouge • sel et poivre

1 mixeur

① Pelez l'oignon, la gousse d'ail, les betteraves et les tomates (après les avoir plongées quelques secondes dans de l'eau bouillante). Dégermez la gousse d'ail et hachez-la ainsi que l'oignon. Coupez les tomates en 2, retirez les graines, coupez-les en petits dés. Coupez également les betteraves en dés.

② Versez l'huile de colza dans une sauteuse, ajoutez l'oignon et faites-le suer sans coloration. Lorsque l'oignon est translucide, versez le vinaigre de vin rouge et faites réduire de moitié. Ajoutez ensuite les tomates, mélangez et faites-les suer quelques minutes. Quand elles commencent à rendre leur eau, ajoutez les betteraves, l'ail, une demi-cuillerée à café de fleur de thym, assaisonnez, mélangez bien, couvrez et faites cuire sur feu doux pendant 15 minutes.

③ Fouettez la crème bien froide en chantilly, dans un récipient lui-même placé dans un autre plus grand contenant des glaçons. Puis réservez-la au réfrigérateur.

④ Au bout de 15 minutes, vérifiez la cuisson des dés de betteraves, piquez-les avec la pointe d'un couteau ; si celle-ci s'enfonce facilement, les betteraves sont cuites. Passez alors le tout au mixeur afin d'obtenir une purée bien fine.

⑤ Mettez cette purée dans une casserole et faites-la dessécher à la spatule sur feu doux. Incorporez ensuite délicatement, toujours à la spatule, hors du feu, juste avant de servir, 4 cuillerées à soupe de crème fouettée, assaisonnez et servez.

Cette purée accompagne le gibier (lièvre, biche et chevreuil).

Salade de betterave, endives et pomme verte à l'huile de noisette, magret fumé

Pour 2 personnes

3 petites betteraves rondes cuites • 1 pomme verte • 2 petites endives • 1/2 botte de ciboulette • 16 tranches de magret fumé

Pour la vinaigrette
2 cuil. à soupe d'huile de noisette • 1 cuil. à soupe de vinaigre d'estragon • sel et poivre

① Préparez la vinaigrette : mélangez, dans un saladier, le vinaigre d'estragon avec une pincée de sel et de poivre. Ajoutez ensuite l'huile de noisette, mélangez et réservez.

② Pelez les betteraves, coupez-les en dés de 0,5 cm environ. Lavez la pomme. Sans la peler, retirez les pépins puis taillez-la en bâtonnets. Lavez les endives, effeuillez-les et taillez les feuilles en lanières régulières. Lavez la ciboulette et coupez-la en bâtonnets de 2 à 3 cm.

③ Mélangez délicatement, dans un récipient, les betteraves avec les endives, la pomme, la ciboulette avec 2 cuillerées à soupe de vinaigrette.

④ Faites le dressage : disposez harmonieusement les tranches de magret dans un plat, dressez la salade en dôme au centre du plat, assaisonnez la salade et les tranches de magret fumé de quelques gouttes de vinaigrette.

Spirale de rosette de Lyon et betteraves

Pour 4 personnes

2 betteraves cuites • 20 fines tranches de rosette de Lyon • 1/2 oignon • 2 échalotes • 3 petits cornichons • 1 cuil. à soupe de câpres • 1 petite botte de persil frisé • 2 œufs durs • 1 cuil. à soupe de moutarde • 2,5 cl de vinaigre de xérès • 2,5 cl de vinaigre de vin • 10 cl d'huile d'arachide • sel et poivre

① Préparez la vinaigrette : mélangez la moutarde avec le vinaigre de xérès et le vinaigre de vin, salez et poivrez. Ajoutez l'huile d'arachide, petit à petit, tout en mélangeant.

② Faites la ravigote : pelez et hachez l'oignon et les échalotes. Hachez également les cornichons et les câpres. Ajoutez tous ces ingrédients dans la vinaigrette. Lavez, essorez et hachez le persil ; mettez-en 1 bonne cuillerée à soupe dans la vinaigrette et mélangez bien. Hachez les jaunes et les blancs d'œufs séparément, ajoutez 1 bonne cuillerée à soupe de chaque dans la vinaigrette, mélangez et rectifiez l'assaisonnement.

③ Pelez les betteraves, coupez-les en tranches de 2 mm environ pour en obtenir 20 (autant que de tranches de rosette de Lyon).

④ Faites le dressage : formez une rosace en intercalant et faisant se chevaucher les tranches de betterave et de rosette. Versez un cordon de sauce ravigote tout autour, parsemez le tout d'un tour de moulin à poivre et servez en entrée.

Fricassée de betterave crue aux gousses d'ail confites et sarriette

Pour 2 personnes

1 betterave rouge crue • 6 gousses d'ail • 1 feuille de laurier • 1 brindille de thym • 1/2 cuil. à soupe d'huile d'olive • 50 g de beurre • 1 petite botte de sarriette • sel et poivre

1 mandoline (coupe-légumes à 2 lames)

① Préchauffez le four à 100 °C (thermostat 2). Disposez les gousses d'ail, non pelées, sur une grande feuille d'aluminium. Ajoutez le laurier, le thym, versez dessus 1/2 cuillerée à soupe d'huile d'olive, 1 pincée de sel et de poivre. Fermez hermétiquement la papillote et glissez-la au four pendant 1 heure.

② Pelez les betteraves crues, coupez-les en fines lamelles à l'aide d'une mandoline.

③ Au bout d' 1 heure de cuisson, les gousses d'ail sont cuites, retirez-les du four et de la feuille d'aluminium. Laissez-les refroidir, puis pelez-les.

④ Faites fondre le beurre dans un récipient étroit, récupérez le beurre clarifié. Faites chauffer 3 cuillerées à soupe de ce beurre clarifié dans une poêle. Lorsqu'il est chaud, disposez-y les tranches de betteraves, sans les faire se chevaucher. Retournez-les au bout d' 1 minute. Ne les faites pas cuire trop vite ; dès qu'elles commencent à se recroqueviller sur les côtés, elles sont cuites ; réservez-les sur du papier absorbant.

⑤ Effeuillez la sarriette. Remettez les tranches de betteraves dans la poêle avec un peu de beurre clarifié si nécessaire, ajoutez les gousses d'ail pelées, 1 cuillerée à soupe de feuilles de sarriette, mélangez, salez et poivrez. Lorsque tout est chaud, égouttez à nouveau sur du papier absorbant et servez en guise d'apéritifs ou avec un poisson grillé.

Roland Durand

« Lenôtre »
(Paris, XVIᵉ)

Après avoir fait les beaux jours du *Relais de Sèvres* à Paris, du *Camélia* à Bougival et du *Pré Catelan* à Paris, Roland Durand est désormais le chef des cuisines de *Lenôtre*, l'un des traiteurs les plus réputés de France. Il y a quelques années, cet Auvergnat pure souche a eu le coup de foudre pour l'Asie, notamment la Thaïlande. Avec enthousiasme mais rigueur, il s'est mis à explorer ce nouveau continent culinaire, parvenant à une savoureuse synthèse entre l'Orient et l'Occident. Il était donc tout désigné pour imaginer, cette semaine, des recettes à base de citronnelle.

La citronnelle

• Les herbes aromatiques sont aujourd'hui à la mode, mais attention ! il faut savoir les utiliser avec modération et à bon escient.

• Une des plus prisées est la citronnelle dont, bien sûr, l'odeur rappelle celle du citron. Elle se présente sous la forme de bulbe longiligne, prolongé par une fine tige. Seules les jeunes pousses, sans les feuilles, sont utilisées.

• Les Thaïlandais sont passés maîtres dans l'art de l'utiliser.

• Elle s'harmonise bien avec les poissons, les crustacés, le fenouil et au lait de noix de coco, au curry, aux coquillages, aux viandes blanches et, bien sûr, en pâtisserie.

• On donne aussi le nom de citronnelle à plusieurs plantes, telles l'armoise, au parfum discret – mais tenace – d'absinthe, la mélisse, aux délicates feuilles vertes, et la verveine odorante, au goût pénétrant.

• Mais sachez, que ces herbes font, comme je vais vous le montrer, de subtiles tisanes, qui n'ont rien, je vous l'assure, d'un bouillon de 11 heures.

Infusion à la citronnelle et au gingembre

Cette infusion à base de citronnelle vous permettra d'avoir une digestion facile, de combattre les excès de fatigue et de tonifier, tout à la fois, votre corps et votre esprit. Cette potion magique, aux effets bénéfiques, je la dois au célèbre docteur Paul Elbaz, passé maître dans l'art de conserver à l'homme son éternelle jeunesse.

> 1 l d'eau • 50 g de citronnelle • 35 g de gingembre frais • 1 bottillon de mélisse • 4 cuil. à café de miel (de citronnier de préférence)

• Portez le litre d'eau à ébullition. Taillez la citronnelle et le gingembre en grosse julienne. Plongez ces juliennes dans l'eau bouillante ainsi que la mélisse.

• Sucrez avec le miel, laissez infuser 5 minutes à couvert hors du feu et servez.

Voilà autant de bienfaits, dont on aurait tort de se priver, d'autant que c'est excellent à la dégustation ; vous m'en direz des nouvelles !

Marinade de fenouil à la citronnelle

Pour 2 personnes

> 6 bâtons de citronnelle • 2 gros fenouils • 2 cuil. à soupe d'huile d'olive • 20 cl de bouillon de volaille • 2 citrons verts • 60 g de petits oignons blancs • 1 petit piment rouge • 25 cl de vin blanc sec • 1/2 cuil. à soupe de miel de citronnier • 1/4 d'ananas • 5 abricots secs • 1 petit bouquet de mélisse • quelques feuilles de coriandre fraîche • 10 g d'épine-vinette au sirop • sel et poivre
>
> 1 chinois

① Coupez les fenouils en 4 dans la longueur, égalisez les morceaux, coupez les extrémités, retirez les premières feuilles qui sont filandreuses.

② Coupez les 6 bâtons de citronnelle à une longueur de 6 ou 7 cm environ à partir de la base (partie du bulbe). Réservez les bulbes. Coupez les bâtons en 2 dans la longueur. Versez 1 cuillerée à soupe d'huile d'olive dans une cocotte, disposez les quartiers de fenouil, sans les superposer, et 8 bâtonnets de citronnelle. Mouillez avec le bouillon de volaille, ajoutez une pointe de sel et de poivre et portez à ébullition. Couvrez avec un cercle en papier sulfurisé du même diamètre que la cocotte, dans lequel vous aurez fait quelques encoches, et faites cuire 15 minutes à frémissements.

③ Au bout de 15 minutes, vérifiez la cuisson des fenouils : ils doivent être fondants et facilement traversés par une fourchette. Retirez du feu et laissez infuser toujours à couvert.

④ Émincez les bulbes de citronnelle en fines rondelles, prélevez-en la valeur d' 1 cuillerée à soupe, hachez-la et réservez-la. Pressez les 2 citrons. Pelez et émincez également les oignons.

⑤ Versez 1 cuillerée à soupe d'huile d'olive dans un poêlon, ajoutez les oignons et les bulbes de citronnelle émincés, le petit piment, une pincée de sel et faites suer, sans coloration, tout en mélangeant, pendant 2 minutes. Versez le jus des 2 citrons, faites réduire pratiquement à sec. Ajoutez ensuite le vin blanc sec et le miel, laissez réduire de moitié.

⑥ Épluchez l'ananas, coupez-le en petits dés. Coupez également les abricots secs en petits dés. Quand le vin blanc a réduit de moitié, passez cette préparation au chinois dans une casserole en pressant bien. Ajoutez ensuite les dés d'ananas et d'abricot, la cuillerée à soupe de citronnelle hachée mise en réserve, mélangez, portez à ébullition pendant 5 à 6 secondes.

⑦ Disposez les morceaux de fenouil dans un plat creux, recouvrez-les de la marinade bouillante. Répartissez les fruits dessus, couvrez avec un film, laissez refroidir à température ambiante puis entreposez toute une nuit au réfrigérateur.

⑧ Égouttez l'épine-vinette en sirop. Ciselez finement la mélisse. Parsemez les fenouils de mélisse, de quelques feuilles de coriandre fraîche et de l'épine-vinette. Servez cette entrée bien fraîche.

> L'épine-vinette est un arbuste poussant dans les haies ou à la lisière de bois, donnant des baies rouges au goût acidulé.

Noix de Saint-Jacques à la citronnelle

Pour 2 personnes

4 bulbes de citronnelle • 8 noix de Saint-Jacques
• 1 échalote • 40 g de beurre • 1 g de curry •
5 cl de vin blanc sec • 5 cl de fumet de poisson •
5 cl de lait de coco • 7,5 cl de crème fraîche liquide • 1 citron vert • 1 cuil. à soupe d'huile d'olive
• 40 g de petites feuilles d'épinards • sel et poivre

1 mixeur

① Coupez les bulbes de citronnelle à 7 ou 8 cm de longueur environ à partir de la base (partie du bulbe). Réservez les bulbes. Fendez ces bâtonnets en 2 dans la longueur, retirez 1 ou 2 feuilles extérieures, et transpercez chaque noix de Saint-Jacques d'un bâtonnet en vous aidant éventuellement d'un couteau.

② Pelez et hachez l'échalote. Hachez finement le reste des bulbes de citronnelle. Mettez 10 g de beurre dans une casserole, ajoutez l'écha-lote et 3 cuillerées à soupe de la citronnelle hachée et faites suer 1 à 2 minutes sur feu doux, sans coloration. Quand l'échalote devient trans-lucide, ajoutez le curry, mélangez, mouillez avec le vin blanc et faites réduire entièrement.

③ Versez ensuite : le fumet de poisson, laissez réduire de moitié ; puis le lait de noix de coco, faites réduire également de moitié ; et, pour finir, la crème fraîche liquide, laissez réduire à nouveau de moitié. Lorsque la crème a réduit, vérifiez l'assaisonnement en sel. Pressez le citron vert, versez la moitié de son jus dans la casserole et portez à ébullition. À l'ébullition, baissez et, sur feu doux, incorporez 20 g de beurre bien froid coupé en petits morceaux et mixez. Maintenez au chaud sans faire bouillir.

④ Versez un filet d'huile d'olive dans une poêle. Quand l'huile est chaude, disposez les noix de Saint-Jacques et faites-les poêler. Les noix de Saint-Jacques cuisent en peu de temps ; lorsqu'elles sont bien dorées, retournez-les et assaisonnez-les de sel et de poivre. Lorsqu'elles sont bien colorées, retournez-les sur une grille et assaisonnez la deuxième face.

⑤ Équeutez et lavez les feuilles d'épinards. Ajoutez 10 g de beurre dans la poêle qui a servi à la cuisson des noix de Saint-Jacques, mettez les épinards et faites-les « assouplir » avec une pointe de sel et de poivre.
⑥ Nappez le fond d'un plat de la sauce maintenue au chaud, disposez harmonieusement les noix de Saint-Jacques dessus, éparpillez les feuilles d'épinards et servez.

Poires en cocotte à la citronnelle

Pour 2 personnes

4 bulbes de citronnelle • 2 poires moyennes assez fermes • 1 citron jaune • 1 citron vert • 1 gousse de vanille • 2 cuil. à soupe de miel de citronnier • 20 g de beurre

① Épluchez les poires et coupez-les en 4, coupez le citron jaune en 2 et citronnez les quartiers de poires.
② Raccourcissez les bulbes à 15 cm de la base (partie la plus épaisse). Coupez-les en 4 dans la longueur. Pressez le citron vert. Fendez la gousse de vanille en 2 dans la longueur.
③ Dans une cocotte, faites chauffer le miel avec le beurre coupé en morceaux et le jus du citron vert. Dès que le beurre est fondu, ajoutez la gousse de vanille, les bâtonnets de citronnelle et disposez les quartiers de poire dessus. Couvrez et faites cuire 15 minutes à faible ébullition, tout en mélangeant bien pendant la cuisson afin de bien enrober les poires du sirop.
④ Vérifiez la cuisson des poires, elles doivent être fondantes, et facilement traversées par la pointe d'un couteau. Servez chaud avec un sorbet à la citronnelle ou une glace à la vanille.

Soupe de moules à la citronnelle

Pour 4 personnes

10 bulbes de citronnelle • 1,2 kg de moules bouchot • 10 cl de vin blanc sec • 2 carottes • 1/4 de céleri-branche • 2 g de curcuma frais • 2 tomates • 2 gousses d'ail • 1/2 poivron rouge • 1 citron vert • 20 g de beurre • 3 g de curry • 30 cl de bouillon de volaille • 6 pistils de safran • 15 cl de lait de noix de coco • 15 cl de crème fraîche liquide • 4 feuilles de mélisse • sel et poivre

1 mixeur

① Coupez les 10 bulbes de citronnelle à une longueur de 6 ou 7 cm environ à partir de la base (partie du bulbe). Réservez les bulbes. Coupez en fins bâtonnets les tiges les plus longues et plus fines et mettez-les dans une casserole.

② Grattez et nettoyez les moules. Ajoutez-les dans la casserole, versez le vin blanc, couvrez et faites cuire à feu vif jusqu'à ce que les moules s'ouvrent. Dès que les moules sont ouvertes, retirez-les du feu, décortiquez-les, réservez-les et filtrez le jus de cuisson.

③ Pelez et hachez grossièrement les carottes et le céleri. Hachez finement le curcuma. Pelez les tomates, égrenez-les et coupez-les en dés. Pelez et hachez les gousses d'ail finement. Coupez 7 des bulbes de citronnelle dans la longueur en fins filaments ; conservez-en 1 cuillerée à soupe, hachez-la et réservez-la. Coupez le 1/2 poivron en petits dés. Pressez le citron vert.

④ Mettez dans une cocotte le beurre avec le céleri et les carottes, mélangez, ajoutez une pincée de sel et faites suer 2 minutes à feu doux, sans faire colorer les légumes. Ajoutez le curcuma, le curry, mélangez et laissez encore suer 1 minute. Puis ajoutez les tomates, l'ail, les filaments de citronnelle, mélangez, mouillez avec 25 cl de jus de moules et le bouillon de volaille, portez à ébullition et faites cuire 15 minutes à frémissements.

⑤ Au bout de 15 minutes de cuisson, ajoutez les pistils de safran, le lait de noix de coco, la crème fraîche liquide et portez à ébullition. Dès l'ébullition, laissez infuser sur feu plus doux pendant 10 minutes. Passez ensuite cette préparation au mixeur.

⑥ Une fois la soupe mixée, passez-la à travers une passoire dans une casserole, maintenez-la au chaud, ajoutez les moules décortiquées, les dés de poivron (conservez-en 1 cuillerée à soupe pour la décoration), la cuillère à soupe de citronnelle hachée mise en réserve, le jus du citron vert, faites chauffer sans, surtout, faire bouillir.

⑦ Lorsque la soupe est chaude, versez-la dans une soupière, parsemez-la du reste des dés de poivron et des 4 feuilles de mélisse ciselées finement. Servez bien chaud.

Deborah et Carolyn
Power
« The Connaught »
(Londres, Angleterre)

L e *Connaught Hotel*, situé au cœur de Mayfair, à Londres, est une insti-
tution typiquement britannique. Seuls cinq chefs – et tous français –,
se sont succédé en cent ans. Actuellement c'est Michel Bourdin qui est en
cuisine. La pâtisserie est le domaine des sœurs Power, sœurs jumelles et
véritables demoiselles Tatin de la Grande-Bretagne.

Les desserts anglais

• La cuisine et les desserts britanniques n'ont pas toujours eu bonne réputation en France. Pourtant, si l'on en croit l'état actuel de la pâtisserie d'Outre-Manche, c'est un tort. Prenez, par exemple, ces pommes recouvertes du fameux crumble croustillant, c'est-à-dire de poudre d'amandes, de beurre, de farine et de cannelle, c'est une pure merveille dans la simplicité. Eh bien ! c'est une spécialité anglaise.

• Et que dire de la « soupe anglaise » ? Cet entremets dû à des pâtissiers napolitains est en fait inspiré des puddings britanniques, très à la mode au siècle dernier dans les cuisines d'Europe. Aujourd'hui, juste retour des choses, cette génoise imbibée d'un sirop aromatisé, fourrée d'une onctueuse crème pâtissière et piquetée de fruits confits auxquels se mêle de la crème fouettée, est une des grandes spécialités londoniennes.

• Dans tous les cas, une fois que vous aurez dégusté nos recettes, je suis sûr que vous n'aurez de cesse de traverser la Manche pour découvrir vous-mêmes tous les autres desserts !

▶ Le tour de main de Robuchon

Ma tarte croustillante aux pommes

Je ne sais pas si vous êtes comme moi, mais j'adore la tarte aux pommes. J'aime que les pommes soient coupées assez grosses, pour retrouver le goût du fruit. Et je me régale, lorsqu'elles sont recouvertes d'un délicieux crumble croustillant et doré.

Pour 8 personnes :

1 pâte brisée pour 1 moule de 23 cm de diamètre • 6 grosses pommes • 45 g de beurre • 6 cl de calvados • 65 g de raisins de Corinthe.

Pour le crumble :

55 g de cassonade • 55 g de farine • 45 g de poudre d'amandes • 45 g de beurre • sucre glace

• Préparez le crumble : mélangez la cassonade, la farine et la poudre d'amandes avec vos doigts. Puis ajoutez le beurre à température ambiante. Continuez à travailler le mélange pendant quelques minutes jusqu'à ce qu'il ressemble à une grosse chapelure et que tout le beurre soit incorporé. Laissez reposer ce mélange pendant 20 minutes pour qu'il se raffermisse.

• Préchauffez le four à 190 °C (thermostat 5-6).

• Pendant ce temps, préparez la tarte : pelez, épépinez et coupez les pommes en morceaux. Faites fondre le beurre dans une poêle et faites-y dorer les morceaux de pommes. Versez le calvados et faites-le flamber. Retirez les pommes de la poêle avec une écumoire et égouttez-les pour éliminer l'excès de liquide. Répartissez les pommes sur un fond de tarte en pâte brisée sans rebords. Lissez le dessus avec le dos d'une cuillère. Parsemez le dessus de raisins de Corinthe.

• Répartissez le crumble sur la tarte, en appuyant légèrement avec vos doigts ou une spatule, pour obtenir une couche régulière. Faites cuire pendant 25 minutes au four, jusqu'à ce que le dessus soit bien doré. À la sortie du four, saupoudrez de sucre glace.

• Servez cette tarte, chaude ou tiède, accompagnée d'une crème glacée à la vanille ou à la cannelle, vous aurez un dessert unique.

Bread and butter pudding

Pour 4 personnes

57 cl de lait • 3 œufs • 60 g de sucre semoule • 1 cuil. à café d'extrait de vanille • 30 g de cerises confites • 1 brioche mousseline • 30 g de raisins de Smyrne • 30 g de raisins de Corinthe • 25 g de beurre salé

1 plat à bord assez haut

① Préchauffez le four à 150 °C (thermostat 3-4). Passez une casserole sous l'eau froide, videz-la sans l'essuyer, versez le lait dedans ; ainsi, à la cuisson, le lait n'attachera pas aux parois ni au fond de la casserole. Faites chauffer et retirez juste avant l'ébullition du lait, environ à 70 °C.

② Battez les œufs dans un saladier, ajoutez, tout en fouettant, le sucre semoule avec l'extrait de vanille. Délayez ensuite cette préparation avec 2 louches de lait tiède – le lait ne doit surtout pas être trop chaud –, puis versez le reste de lait dans le récipient et mélangez.

③ Coupez les cerises confites en dés, à peu près de la grosseur des raisins. Coupez 9 tranches de brioche de 1/2 cm d'épaisseur environ.

④ Disposez, dans un plat profond et pas trop large, la moitié des raisins et des cerises confites, tapissez le fond du plat des tranches de brioche, parsemez du reste des fruits et du beurre coupé en petits morceaux. Écumez l'appareil œufs-lait si nécessaire, puis versez-le délicatement dessus.

⑤ Mettez dans le fond d'un plat de cuisson une feuille de papier sulfurisé dans laquelle vous aurez fait quelques encoches pour éviter les éventuelles éclaboussures à la cuisson au bain-marie. Versez de l'eau tiède dedans et posez le plat de pudding. Glissez au four et faites cuire pendant 1 heure.

⑥ Servez le « Bread and butter pudding » tiède.

Scones

Pour 4 personnes

500 g de farine • 125 g de beurre • 95 g de sucre semoule • 11 g de levure • 4 œufs • 60 g de raisins de Smyrne • 9 cl de lait • 1 pincée de sel

1 batteur • 1 rouleau à pâtisserie

① Mettez dans le bol d'un batteur la farine avec le beurre ramolli, le sucre semoule, la levure, mélangez à petite vitesse pendant 2 minutes environ jusqu'à ce que les ingrédients soient bien mélangés.

② Battez à la fourchette 3 œufs dans un bol. Ajoutez-les dans le batteur avec les raisins (non lavés), le lait et mélangez à nouveau délicatement environ 2 minutes jusqu'à avoir un mélange homogène.

③ Retirez la pâte du bol, travaillez-la à la main avec un peu de farine pour avoir une boule bien lisse. Puis étalez la pâte à l'aide d'un rouleau à pâtisserie sur un plan de travail fariné, donnez-lui une épaisseur de 2 cm. Découpez des cercles d'environ 6 cm de diamètre, avec un emporte-pièce ou un verre, et retournez-les sur une plaque de cuisson. (Le fait de les retourner permet aux scones de rester lisses et droits pendant la cuisson.) Entreposez-les au frais (mais pas au réfrigérateur) pendant 1/2 heure.

④ Préchauffez le four à 250 °C (thermostat 8-9). Préparez la dorure en battant le dernier œuf entier avec une pincée de sel. Après le repos des scones, passez la dorure, à l'aide d'un pinceau, sur leur surface. Laissez-les reposer encore 15 minutes et dorez-les une seconde fois afin de leur donner une jolie couleur or.

⑤ Glissez la plaque dans le four pendant 5 minutes, puis réduisez le four à 150 °C (thermostat 3-4) et prolongez la cuisson pendant 10 minutes.

Servez les scones coupés en 2 et toastés. Accompagnés de crème fraîche ou de confiture, c'est un vrai délice.

Apple and apricot crumble

Pour 4 personnes

5 pommes • 250 g d'abricots au sirop • 1 citron jaune • 150 g de farine • 50 g de sucre semoule • 50 g de vergeoise • 50 g de poudre d'amandes • 1 pincée de cannelle • 100 g de beurre

① Préparez l'appareil à crumble : lavez le citron, prélevez les zestes et hachez-les pour en obtenir 1 cuillerée à café. Mélangez, dans un récipient, la farine avec le sucre semoule et la vergeoise, la poudre d'amandes, les zestes de citron, la cannelle et le beurre coupé en morceaux, malaxez à la main en frottant entre les doigts.

② Préchauffez le four à 200 °C (thermostat 6).

③ Épluchez les pommes et coupez-les en gros quartiers. Égouttez les abricots. Mettez la moitié des pommes au fond d'un plat étroit et profond, disposez les abricots dessus et recouvrez du restant de pommes, appuyez dessus pour bien maintenir les pommes entre elles.

④ Recouvrez entièrement les pommes de l'appareil à crumble, faites-le juste adhérer en appuyant dessus mais sans trop le presser. Faites cuire le crumble dans le four pendant 20 minutes afin de bien le colorer. Puis, baissez le feu et finissez la cuisson à 150 °C (thermostat 3-4) pendant 1 heure environ.

⑤ Servez au sortir du four.

Sherry trifle, wally ladd

Pour 4 personnes

1 génoise pour 4 personnes • 100 g de confiture de cerise • 33 cl de lait • 3 œufs • 30 g de sucre semoule • 10 g de Maïzena • 30 cl de crème fraîche liquide • 20 g de sucre glace • 8 g de pistaches hachées • 12 g d'amandes effilées et grillées • 4 fraises

Pour le sirop
10 cl d'eau • 100 g de sucre • 1,5 cl de rhum brun • 3,5 cl de sherry dry (xérès sec)

① Préparez un sirop aromatisé : faites bouillir la même quantité d'eau que de sucre dans une casserole. À la première ébullition retirez du feu et laissez refroidir. Prélevez 7 cl de sirop refroidi, ajoutez le rhum brun et le sherry dry, mélangez et réservez.

② Coupez la génoise en 2 dans l'épaisseur. Tartinez l'intérieur d'un des 2 morceaux de la confiture de cerise, puis recouvrez-le du second afin de reconstituer la génoise. Coupez cette génoise fourrée en cubes de 2 cm. Disposez délicatement ces dés de génoise, pour ne pas les défaire, dans un saladier, versez le sirop dessus, imbibez-en bien les dés, pressez délicatement.

③ Faites bouillir le lait. Faites blanchir en fouettant dans un saladier 3 jaunes d'œufs avec le sucre semoule, puis incorporez délicatement la Maïzena. Ajoutez une louche de lait bouillant, mélangez bien puis versez le tout dans la casserole de lait. Faites bouillir et, à la première ébullition, retirez cette crème du feu. Recouvrez les dés de génoise de la crème et entreposez 2 heures au réfrigérateur.

④ Fouettez la crème liquide bien froide en chantilly avec le sucre glace dans un récipient lui-même placé dans un plus grand contenant des glaçons. Au bout des 2 heures de repos, recouvrez des dés de génoise avec les 3/4 de la chantilly.

⑤ Pour la décoration, fouettez plus fermement le reste de la chantilly, disposez-la en petites boules, à l'aide d'une poche, autour du plat et parsemez des pistaches et des amandes. Lavez les fraises avec leur collerette, coupez-les en 2 dans la longueur, disposez-les sur le plat et servez.

Michel Lentz

« Café Royal »
(Évian, Haute-Savoie)

Évian, ville réputée pour son eau bénéfique, l'est aussi pour sa gastronomie. Les gourmands et les gourmets peuvent satisfaire leurs passions dans un des lieux les plus prestigieux de France : *Le Café Royal*, perché au-dessus du lac Léman, au cœur d'un parc superbe. Michel Lentz, épatant cuisinier, n'a pas son pareil pour revisiter les meilleures recettes de sa région et pour leur insuffler une nouvelle jeunesse. Les saveurs du terroir font excellent ménage avec certaines audaces qui les exaltent et les mettent en valeur.

Le lapin

• Comment choisir un bon lapin ? Il doit être court et ramassé, le râble rebondi, le foie pâle et sans taches, posséder une chair rosée, avoir du gras bien blanc autour des reins, et des rognons bien visibles. La peau du lapin doit toujours avoir un aspect brillant, satiné sous les doigts. Il n'y a pas d'AOC chez les lapins.

• Je recommande ceux de Champagne, du Gâtinais et du Poitou. Ces derniers ont ma préférence, vous comprendrez aisément pourquoi.

• La chair du lapin est peu grasse. Pour l'accommoder avec bonheur, associez-le à de l'échalote, du thym, du persil, de la moutarde, de l'ail et du vin blanc.

• En période de chasse, le lapin de garenne « mangé au bout du fusil » est un mets de roi. Sa saveur sauvage et délicate est fort recherchée par les gourmets.

• Et si vous optez pour un lapin en sauce, prudence ! la moutarde lui monte facilement au nez !

► Le tour de main de Robuchon

Feuilleté au foie de lapin

Voici une recette simple, délicieuse et économique de foie de lapin, à servir en entrée, pour épater les meilleurs palais. C'est mon ami Fredy Girardet, ce fabuleux et merveilleux cuisinier suisse, qui me l'a transmise.

Pour 2 personnes :

1 foie de lapin • 1/2 poireau • 35 g de beurre • 5 cl de crème fraîche liquide • 2 feuilletés • sel et poivre

• Lavez la moitié d'un poireau, coupez-le en 4 dans la longueur, puis en tronçons de 1 cm, et défaites les morceaux. Dans un poêlon, mettez 15 g de beurre avec les morceaux de poireaux et une pincée de sel. Mélangez et laissez cuire à couvert 5 à 6 minutes à feu doux, en remuant de temps à autre. Ajoutez alors 5 cl de crème fraîche liquide, remuez pendant 1 à 2 minutes, rectifiez l'assaisonnement, et retirez du feu.

• Confectionnez, ou achetez chez votre pâtissier, 2 feuilletés de 8 sur 5 cm environ. Coupez les couvercles, videz les feuilletés et faites-les chauffer 2 à 3 minutes au four à 200 °C (thermostat 6).

• Coupez le foie de lapin en lanières de 2 cm sur 5 mm environ. Dans une poêle, mettez 20 g de beurre. Quand il est à peine noisette, ajoutez les lanières de foie de lapin. Faites-les cuire pendant 15 secondes environ, salez, poivrez et débarrassez-les sur une assiette.

• Répartissez dans le fond des feuilletés la moitié des poireaux, puis le foie de lapin et terminez avec les poireaux. Posez les couvercles par-dessus et remettez 30 secondes à four chaud avant de déguster.

Cuisses de lapin au bouillon

Pour 4 personnes

4 cuisses de lapin • 1 chou pomme • 4 carottes • 4 petits navets • 4 petites betteraves rouges crues • 60 g de haricots tarbais • 2 tranches de lard fumé • 1 bouquet garni • 4 petits oignons blancs • 3 l de bouillon de volaille • 10 g de cumin • 12 g de grains de poivre • gros sel

① Coupez le chou pomme en 8, lavez chaque morceau. Faites bouillir une grande quantité d'eau, ajoutez une poignée de gros sel. Quand l'eau est à ébullition, plongez-y les morceaux de chou. Au premier bouillon, retirez-les et plongez-les dans de l'eau glacée pour les refroidir entièrement, puis égouttez-les.

② Épluchez les légumes. Écossez les haricots. Coupez les tranches de lard en 2. Mettez dans une cocotte, les cuisses de lapin, les tranches de lard, les carottes, le bouquet garni, les navets, les oignons, les betteraves, les haricots tarbais et les morceaux de chou. Versez 3 litres de bouillon de volaille, salez légèrement car le bouillon et le lard sont déjà salés, ajoutez 10 g de cumin et 12 g de grains de poivre. Portez à ébullition, écumez puis laissez cuire à frémissements, à couvert, pendant 1 heure 30 à 2 heures.

③ Servez le bouillon avec les cuisses de lapin et les légumes parsemés de gros sel, accompagnez de moutarde.

Rillettes de lapin

Pour 6 à 8 personnes

750 g de chair de lapin • 250 g d'échine de porc • 2 brindilles de thym frais • 1 feuille de laurier • 2 grains de genièvre • 3 g de poivre moulu • 12 g de gros sel • 750 g de graisse d'oie

① Coupez la chair de lapin désossée en morceaux. Coupez également l'échine de porc en morceaux.

② Préparez la marinade : mélangez la chair du lapin et du porc, ajoutez le thym, le laurier, les grains de genièvre, sel et poivre, mélangez, couvrez et entreposez au réfrigérateur 24 heures.

③ Au bout de ce temps, mettez 3 cuillerées à soupe de graisse d'oie à fondre dans une cocotte, ajoutez la marinade et faites colorer la viande pendant 5 bonnes minutes. Ajoutez le reste de la graisse d'oie et laissez compoter sur feu très doux pendant 4 heures à couvert, en prenant garde que la viande n'attache pas.

④ Égouttez la viande dans une passoire. Retirez le laurier et les brindilles de thym. Avec deux fourchettes, effilochez la viande, puis remettez-la dans la graisse encore chaude et mélangez.

⑤ Laissez refroidir la viande dans la graisse, à température ambiante, en mélangeant toutes les 15 minutes environ pour éviter que la graisse remonte et que la viande reste dans le fond du plat.

⑥ Lorsque les rillettes sont froides, dressez-les dans une terrine, et entreposez-les au réfrigérateur pendant au moins une nuit, mais le mieux est d'attendre 2 à 3 jours avant de les déguster avec du pain grillé. Elles peuvent se conserver 10 jours.

Lapin à la moutarde

Pour 4 personnes

1 lapin de 1,3 kg coupé en 8 • 100 g de moutarde de Dijon • 5 cl d'huile d'olive • 1/4 l de bouillon de volaille • 10 cl de vin blanc sec • 25 cl de crème fraîche liquide • 4 brindilles de thym frais • sel et poivre

1 cocotte allant au four

① Mélangez la moutarde avec 1 bonne cuillerée à soupe d'huile d'olive, 2 pincées de sel et de poivre. Badigeonnez les morceaux de lapin, de chaque côté, avec cette moutarde.

② Préchauffez le four à 240 °C (thermostat 8). Faites chauffer dans une cocotte (à bord pas trop haut) 1/2 cuillerée à soupe d'huile d'olive, puis disposez-y les morceaux de lapin sans faire chauffer plus. Enfournez tout de suite la cocotte pendant 10 minutes.

③ Mouillez les morceaux de lapin avec le bouillon de volaille. Laissez cuire 1 petite heure en arrosant régulièrement toutes les 10 minutes. Quand le lapin est cuit, retirez les morceaux de lapin de la cocotte et disposez-les dans un plat de service.

④ Mettez la cocotte de cuisson du lapin sur le feu et déglacez-la avec le vin blanc sec, en décollant tous les sucs avec une spatule, et faites réduire pratiquement à sec tout en mélangeant bien.

⑤ Puis versez la crème fraîche et mélangez, ajoutez les brindilles de thym frais et rectifiez l'assaisonnement. Vous pouvez ajouter 1 cuillerée à soupe de moutarde si vous aimez bien relevé. Puis faites réduire jusqu'à obtenir une bonne onctuosité. Nappez les morceaux de lapin de cette crème à la moutarde et servez.

Épaules de lapin aux pruneaux

Pour 4 personnes

8 épaules de lapin • 300 g de gros pruneaux dénoyautés • 4 échalotes • 2 cuil. à soupe d'huile de pépins de raisin • 1 peu de farine • 1 bouquet garni • 1 verre d'armagnac • 15 cl de vin blanc sec • 1/4 l de bouillon de volaille • sel et poivre

① Faites tremper les pruneaux dans de l'eau tiède, laissez-les une nuit au réfrigérateur.

② Pelez et émincez finement les échalotes. Dans une cocotte, faites-les suer, sans coloration, dans 1 cuillerée à soupe d'huile de pépins de raisin, puis sortez la cocotte du feu.

③ Farinez les épaules de lapin et assaisonnez-les de chaque côté. Faites chauffer 1 cuillerée à soupe d'huile dans une autre cocotte. Faites-y colorer les épaules de lapin de chaque côté.

④ Disposez les épaules de lapin sur les échalotes, sans les superposer et mettez-les sur feu moyen. Quand la viande est chaude, ajoutez le bouquet garni, l'armagnac et laissez réduire sur feu doux presque à sec. Ajoutez le vin blanc , faites-le réduire pas tout à fait à sec puis mouillez avec le bouillon de volaille. Portez à ébullition, puis faites cuire à petit feu, à couvert, pendant 20 minutes. Surveillez la cuisson de temps en temps.

⑤ Au bout de 20 minutes de cuisson, ajoutez les pruneaux, laissez cuire 5 minutes à feu doux le temps que les pruneaux soient chauds et servez.

Accompagnez ces épaules de lapin de polenta ou d'une purée de pommes de terre.

Maurice Guillouët

« Taillevent-Robuchon »
(Tokyo, Japon)

Le Château, de Tokyo, est assurément le restaurant le plus réputé de la capitale nippone. Tout y est luxe et raffinement et, surtout, art de vivre à la française. Le Breton Maurice Guillouët règne sur les cuisines, ambassadeur d'une gastronomie faite d'équilibre et d'audace, d'élégance et de bonhomie. Dans ce pays qui aime à dissimuler le grand art sous une apparence épurée, il peut avec bonheur laisser parler sa créativité. Il n'a pas son pareil pour donner du talent aux produits les plus simples, telles les carottes.

Les carottes

• Avant l'époque de la Renaissance, la carotte n'était guère appréciée. Coriace et jaunâtre, il faudra longtemps pour l'améliorer et l'imposer. La belle couleur orangée que nous lui connaissons n'a été obtenue que vers le milieu du XIXe siècle.

• Cependant, déjà les Anciens lui prêtaient nombre de vertus. Comme nous, ils pensaient que la carotte est bonne pour la peau, pour la fermeté des cuisses, pour l'acuité visuelle...

• Il en existe de nombreuses variétés : les grelots – rondes et dodues –, les chatenay, les nantaises, etc. Au printemps, les carottes nouvelles, si tendres, si savoureuses, sont les meilleures.

• Parmi toutes les variétés, je préfère celles de Créances (dans la Manche), qui bénéficient d'un label garantissant leur lieu de production et leur mode de culture.

• Comment choisir une bonne carotte ? Plus une carotte nouvelle est orangée, plus elle est sucrée. Elle doit être tendre, la peau très fine et lisse, uniforme, sans taches, les fanes bien attachées.

• Attention ! une carotte fendue ou éclatée est une carotte restée trop longtemps dans la terre. Elle a perdu beaucoup de ses propriétés. Quant aux mini carottes, véritables gadgets, elles ne sont pas les meilleures.

• Et n'oubliez pas que le jus de carotte crue, peu calorique, riche en vitamines et en sels minéraux, est excellent pour la santé !

▶ Le tour de main de Robuchon

Mes carottes glacées au cumin

L'une des meilleures façons de préparer les carottes, c'est de les faire glacer au cumin ; recette délicieuse où le cumin apporte sa note orientale.

> 800 g de carottes • 1 gousse d'ail • 10 g de cumin
> • 1 petite cuil. à soupe de sucre • 3 cuil. à soupe
> d'huile d'olive • 1 bouquet garni (queues de persil,
> 1 branche de céleri, 1 brindille de thym, 1 branche
> de coriandre fraîche) • 3 oranges • beurre

• Pelez les carottes au couteau ; elles seront plus belles que si vous les grattez. Coupez-les ensuite en fines rondelles. Pelez et hachez finement la gousse d'ail. Salez les carottes, ajoutez la gousse d'ail, le cumin, le sucre, l'huile d'olive et mélangez bien. Versez le tout dans un poêlon assez large et mouillez d'eau jusqu'à mi-hauteur. Ajoutez le bouquet garni.

• Beurrez un morceau de papier sulfurisé de la taille du poêlon, percez-y des trous (pour permettre à la vapeur de s'échapper) et posez-le sur les carottes.

• Portez à ébullition. Poursuivez la cuisson à feu moyen pendant 25 minutes. Pressez les oranges et récupérez leur jus.

• Au bout de 25 minutes de cuisson, retirez le papier et le bouquet garni des carottes. Ajoutez alors le jus d'orange et terminez la cuisson à chaleur douce jusqu'à évaporation complète du jus de cuisson, en remuant les carottes délicatement de temps à autre.

• Quand elles sont cuites, les carottes sont alors fondantes, toutes luisantes et savoureuses.

Carottes primeurs à l'orange et au romarin

Pour 4 personnes

32 petites carottes nouvelles • 3 oranges • 1 belle branche de romarin • 20 cl d'huile d'olive • 1 cuil. à soupe de vinaigre de vin blanc • sel et poivre

1 mixeur plongeur

① Pelez les carottes, retirez les fanes. Pressez les oranges pour obtenir 20 cl de jus.

② Disposez les carottes à plat dans une poêle, sans les faire se chevaucher. Ajoutez le jus des oranges, 10 cl d'huile d'olive, 1 cuillerée à café de feuilles de romarin, salez et poivrez. Faites bouillir et, dès l'ébullition, baissez le feu pour obtenir un frémissement, couvrez et faites cuire pendant 15 minutes. Retournez les carottes au bout de 7 à 8 minutes.

③ Au bout de 15 minutes de cuisson, les carottes sont cuites, retirez le couvercle, dressez les carottes, les unes à côté des autres, sur un plat de service et recouvrez-les d'une feuille d'aluminium pour les maintenir au chaud.

④ Passez le jus de cuisson des carottes à travers une passette dans une casserole et portez-le à ébullition. Ajoutez 1/2 cuillerée à soupe de vinaigre de vin blanc et, dès la reprise de l'ébullition, éteignez le feu. Incorporez alors 10 cl d'huile d'olive, émulsionnez la sauce avec un mixeur plongeur. Vérifiez l'assaisonnement en sel et poivre, ajoutez 1 cuillerée à café d'aiguilles de romarin.

⑤ Nappez les carottes de la sauce, parsemez-les de quelques feuilles de romarin et servez.

Servez ces carottes avec du rôti de veau.

Carottes râpées aux raisins à la coriandre

Pour 4 personnes

250 g de carottes • 1 bottillon de coriandre fraîche • 50 g de raisins de Smyrne • 5 g de grains de coriandre • 3 cl de vinaigre de vin rouge • 6 cl d'huile d'arachide • sel et poivre

① Mettez les raisins dans un récipient, recouvrez-les d'eau chaude du robinet et laissez-les gonfler pendant 4 heures à température ambiante.

② Préparez la vinaigrette : mélangez le vinaigre de vin avec un peu de sel et de poivre, puis avec l'huile d'arachide.

③ Faites chauffer les grains de coriandre à sec (sans matière grasse) dans une poêle sans les faire colorer. Cette opération permet de torréfier la coriandre et d'en exalter la saveur. Lavez et ciselez la coriandre fraîche. Pelez et râpez les carottes.

④ Égouttez les raisins. Mettez les carottes dans un récipient, ajoutez les raisins, les grains de coriandre, 1 bonne cuillerée à soupe de coriandre ciselée, assaisonnez avec les 3/4 de la vinaigrette et mélangez. Vérifiez l'assaisonnement, ajoutez le reste de la vinaigrette si nécessaire.

⑤ Décorez cette salade en parsemant dessus 1 cuillerée à soupe de coriandre ciselée. Laissez reposer 3 à 4 heures au réfrigérateur avant de servir.

Tagliatelles de carottes au cumin

Pour 2 personnes

4 belles carottes • 100 g de tagliatelles fraîches (pâte) • 1 cuil. à soupe d'huile d'olive • 50 g de beurre • 1 cuil. à café de cumin concassé • 1 petit bottillon de persil plat • sel et poivre

1 mandoline (coupe-légumes à 2 lames)

① Pelez les carottes. Coupez-les en fines bandes, à la mandoline, dans le sens de la longueur. Mettez ces bandes de carottes à plat sur le plan de travail et coupez-les, à l'aide d'un couteau, toujours dans la longueur, en forme de tagliatelles à peu près égales à celles des pâtes.

② Plongez les tagliatelles de carottes dans de l'eau bouillante salée, faites-les blanchir quelques secondes ; dès que l'ébullition reprend, égouttez-les et rafraîchissez-les dans de l'eau glacée. Égouttez-les dès qu'elles sont froides.

③ Faites cuire les pâtes : portez de l'eau à ébullition, salez à raison de 10 g par litre, ajoutez 1 cuillerée à soupe d'huile d'olive. Quand l'eau bout, plongez les tagliatelles, faites-les cuire 4 minutes à partir de la reprise de l'ébullition, elles doivent être « al dente ». Dès que les pâtes sont cuites, rafraîchissez-les dans de l'eau glacée, puis égouttez-les rapidement.

④ Dans une sauteuse assez large, faites chauffer les pâtes dans 50 g de beurre et 1 cuillerée à soupe d'eau, sur feu doux, enrobez-les bien du beurre, salez-les, puis ajoutez les tagliatelles de carottes, 1 bonne cuillerée à café de cumin concassé, du persil plat ciselé et mélangez bien.

⑤ Dès que les tagliatelles sont chaudes, dressez-les dans un plat de service, parsemez-les d'1 cuillerée à soupe de persil plat ciselé et servez.

Servez en plat avec une volaille ou du bœuf.

Crème de carotte au citron

Pour 4 personnes

300 g de carottes • 3 citrons jaunes • 1 blanc de poireau • 1 oignon • 50 g de beurre salé • 75 cl de bouillon de volaille • 1 bottillon de cerfeuil • sel et poivre

1 mixeur

① Pelez les carottes et coupez-les en petits morceaux. Lavez le blanc de poireau et émincez-le finement. Pelez l'oignon et émincez-le.

② Faites suer pendant 2 à 3 minutes, sur feu doux, le poireau et l'oignon avec 50 g de beurre, ajoutez une pincée de sel pour accélérer la cuisson. Dès que le poireau et l'oignon sont translucides, ajoutez les carottes et faites-les suer, pendant 2 à 3 minutes également, sur feu très doux. Mouillez ensuite avec le bouillon de volaille, portez à ébullition et laissez cuire doucement pendant 30 minutes.

③ Au bout de 30 minutes de cuisson, versez la préparation dans un mixeur (conservez une louche de bouillon de façon à pouvoir doser l'onctuosité à votre convenance), puis mixez. Si la crème de carotte est trop épaisse à votre goût, ajoutez la louche de bouillon et mixez de nouveau.

④ Pressez les 3 citrons, versez leur jus à la crème et mélangez. Dressez la crème en soupière, décorez avec quelques pluches de cerfeuil et servez aussitôt.

Michel Blanchet

« Le Tastevin »
(Maisons-Laffitte, Yvelines)

Michel Blanchet cultive la modestie, ce qui est souvent la marque du talent. Ce grand cuisinier exerce à Maisons-Laffitte, au *Tastevin*, qui est devenu l'adresse incontournable de la région. Sa carte a tout pour satisfaire une clientèle exigeante, dont les goûts classiques aiment à retrouver des repères gastronomiques à la qualité maintes fois éprouvée. Confort et élégance président à des repas de grande cuisine bourgeoise. Il était tout indiqué pour réaliser à mes côtés de superbes recettes à base de céleri.

Le céleri

• Il existe deux sortes de céleri : le céleri-branche, dont on a privilégié la croissance du feuillage, et le céleri-rave dit aussi « céleri boule », cultivé pour sa racine ronde et charnue. C'est un légume tout aussi parfumé que son cousin le céleri-branche. On le trouve abondamment sur les marchés, de septembre à mars.

• Choisir un bon céleri-rave est chose facile. Il suffit de s'assurer qu'il est bien ferme et bien lourd. Préférez les boules pas trop grosses, car les « gros formats » sont souvent creux.

• Lorsque le céleri est entier, il se conserve très bien plusieurs jours au frais. En revanche, une fois entamé, il faut le consommer rapidement. Pensez à bien citronner la partie déjà épluchée afin qu'elle ne noircisse pas, et à l'envelopper d'un film, pour éviter que le céleri ne communique son odeur prononcée aux autres produits.

    • Il sera l'accompagnement privilégié des viandes rôties ou en sauce ainsi que du gibier.

        • Enfin, sachez qu'il se marie très bien avec la truffe, dont il renforce le goût. Un mariage tellement prenant qu'on pourrait presque en perdre la boule !

► Le tour de main de Robuchon

Mon céleri rémoulade

À mon avis, c'est cru que le céleri-rave exprime le mieux toute sa saveur. La salade, dont je vais vous révéler le secret, est une délicieuse variation sur le thème du très connu « céleri rémoulade ».

> 2 cuil. à soupe de jus de citron • 2 cuil. à soupe de moutarde • 25 cl de crème fraîche • 500 g de céleri-rave • 1 pomme acide (Granny Smith) • sel et poivre

• Commencez par préparer la sauce : dans un saladier, versez le jus de citron, ajoutez 1 pincée de sel et mélangez pour le faire dissoudre. Incorporez ensuite la moutarde et la crème fraîche. Mélangez pour obtenir une consistance homogène. Réservez.

• Épluchez le céleri et coupez-le en fins bâtonnets de 1 mm d'épaisseur. Le céleri sera meilleur avec cette consistance car, râpé trop fin, il risquerait de se transformer en purée. Épluchez et épépinez la pomme, coupez-la en fins bâtonnets de la même taille que le céleri.

• Dans un grand saladier, mettez le céleri et la pomme. Mélangez, ajoutez la sauce et remuez pour bien enrober l'ensemble. Goûtez pour rectifier l'assaisonnement. Servez cette salade bien froide ou à température ambiante.

Cette salade peut être préparée plusieurs heures à l'avance. Dans ce cas, réservez-la à couvert au réfrigérateur.

Céleri à la grecque

Pour 4 personnes

500 g de céleri-rave • 16 petits oignons • 15 cl d'huile d'olive • 5 g de grains de coriandre • 20 g de raisins de Corinthe • 1 bouquet garni • 1 cuil. à soupe de cumin en poudre • 1/4 l de vin blanc sec • 1/4 l de bouillon de volaille • 1 tomate • 5 cl de vinaigre de xérès • 1 petit bouquet de coriandre fraîche • sel et poivre

① Pelez les oignons blancs. Épluchez le céleri et coupez-le en cubes de 1 cm. Versez l'huile d'olive dans une sauteuse, ajoutez les petits oignons et faites-les blondir. Quand ils ont une jolie couleur blonde, ajoutez le céleri, en l'enrobant bien de l'huile, puis mettez les grains de coriandre, les raisins, le bouquet garni, salez, poivrez et saupoudrez du cumin en poudre. Mélangez bien.

② Déglacez avec le vin blanc sec, laissez bouillir 1 petite minute. Versez le bouillon de volaille, et portez à frémissements pendant 8 minutes.

③ Plongez la tomate quelques secondes dans de l'eau bouillante. Pelez-la, coupez-la en 2, retirez les pépins et coupez la chair en petits dés.

④ Au bout de 8 minutes de cuisson du céleri, ajoutez les dés de tomate, donnez un bouillon, puis versez 1 filet de vinaigre de xérès et faites chauffer pendant 30 secondes.

⑤ Dressez les légumes dans un plat, retirez le bouquet garni, décorez avec quelques feuilles de coriandre fraîche et servez tiède en entrée.

Salade de céleri-rave aux pommes

Pour 4 personnes

300 g de céleri-rave • 1 citron • 2 endives • 12 pieds de mâche • 1 pomme verte (Granny Smith) • 1 cuil. à soupe de moutarde de Dijon • 2,5 cl de vinaigre de vin • 10 cl d'huile de noisettes • 20 g de noisettes concassées et grillées • 1 bottillon de ciboulette • sel et poivre

① Préparez la vinaigrette : dans un saladier mélangez au fouet la moutarde avec le vinaigre, salez et poivrez. Ajoutez ensuite l'huile de noisettes et mélangez bien.

② Épluchez et râpez le céleri. Pressez le citron. Portez de l'eau à ébullition, ajoutez-y le jus de citron, salez et plongez le céleri. Faites le blanchir 30 secondes, puis rafraîchissez-le dans de l'eau glacée et, dès qu'il est froid, égouttez-le.

③ Lavez les endives et les pieds de mâche et égouttez-les. Épluchez la pomme, retirez les pépins, et coupez-la en bâtonnets assez gros. Mélangez dans un saladier le céleri et la pomme, assaisonnez-les de la moitié de la vinaigrette.

④ Dressez le céleri au centre du plat, disposez les feuilles d'endives en cercle tout autour, alternez-les avec les pieds de mâche, parsemez des noisettes et de petits bâtonnets de ciboulette. Assaisonnez les feuilles de mâche et d'endives de vinaigrette et servez.

Mousseline de céleri provençale

Pour 4 personnes

500 g de céleri-rave • 1 pomme de terre (BF 15) • 1/4 l de lait • 1 branche de romarin • 6 gousses d'ail • 6 olives noires à l'huile • 10 cl de crème fraîche liquide • 5 cl d'huile d'olive • 1 pincée de noix de muscade • sel et poivre • gros sel

1 mixeur

① Pelez le céleri et la pomme de terre et coupez-les en morceaux. Passez une grande casserole sous l'eau froide, videz-la sans l'essuyer et versez le lait dedans ; ainsi, à la cuisson, le lait n'attachera pas aux parois ni au fond de la casserole. Ajoutez dans la casserole les morceaux de céleri et de pomme de terre, 1 branche de romarin, 1 pincée de gros sel, versez de l'eau à hauteur, couvrez et portez à ébullition pendant 20 minutes.

② Préchauffez le four à 200 °C (thermostat 6).

③ Pelez les gousses d'ail, coupez-les en fines lamelles et dégermez-les. Faites blanchir ces lamelles d'ail dans de l'eau à ébullition pendant 30 secondes, puis égouttez-les et disposez-les sur la plaque de four, sans les superposer. Glissez-les au four pendant 2 minutes pour bien les faire dorer. Dénoyautez, hachez et réservez les olives noires.

④ Quand les morceaux de céleri et de pomme de terre sont cuits, égouttez-les, mettez-les dans un mixeur, ajoutez la crème fraîche et mixez. Versez l'huile d'olive, petit à petit, tout en mixant, pour faire la liaison. Vérifiez l'assaisonnement en sel et en poivre, ajoutez une pointe de noix de muscade et mixez. Ajoutez les olives noires, mixez-les légèrement, juste pour les mélanger à la purée.

⑤ Dressez la mousseline dans un plat, piquez-la des lamelles d'ail grillées et servez avec une volaille, par exemple.

> Les gousses d'ail apportent un côté croustillant à la purée. Les olives noires peuvent être remplacées par des truffes.

Crème de céleri

Pour 4 personnes

250 g de céleri-rave • 1 pomme de terre • 1 blanc de poireau • 1 courgette • 1 carotte • 20 g de beurre • 1 bouquet garni • 1/2 l de bouillon de volaille • 25 cl de crème fraîche liquide • 1 pincée de noix de muscade • 1 bottillon de cerfeuil • sel et poivre

1 mixeur

① Épluchez le céleri et coupez-le en petits morceaux. Épluchez la pomme de terre, lavez-la et coupez-la également en petits morceaux. Coupez le blanc de poireau en 2, lavez-le et émincez-le finement. Lavez et épluchez la courgette et la carotte et coupez-les en tout petits dés.

② Dans une grande casserole, faites suer le poireau avec 20 g de beurre sur feu doux, ajoutez ensuite les morceaux de céleri et de pomme de

terre, le bouquet garni et mélangez. Mouillez avec le bouillon de volaille, salez et portez à ébullition. Dès que l'ébullition est obtenue, couvrez et faites cuire à frémissements pendant 15 minutes environ.

③ Faites cuire séparément les dés de carotte et de courgette. Faites bouillir de l'eau salée dans 2 casseroles différentes, plongez les dés pendant 2 à 3 minutes chacun. Quand ils sont cuits, rafraîchissez-les dans de l'eau glacée et égouttez-les aussitôt.

④ Après 15 minutes de cuisson du potage au céleri, retirez le couvercle, ajoutez la crème fraîche liquide, couvrez et continuez la cuisson pendant 10 minutes à frémissements.

⑤ Quand le potage est cuit, retirez le bouquet garni. Versez le tout dans un mixeur, mixez, rectifiez l'assaisonnement, ajoutez une pointe de noix de muscade et mixez de nouveau.

⑥ Disposez la moitié des dés de légumes dans la soupière, versez la crème de céleri dessus, parsemez le reste des petits dés et de quelques pluches de cerfeuil. Servez aussitôt.

Gilles Tournadre

« Gill »
(Rouen, Seine-Maritime)

Gilles Tournadre s'est, en quelques années, imposé comme l'un des plus grands chefs de Normandie, à l'enseigne chez *Gill*, à Rouen. Comme moi, vous serez séduits par sa merveilleuse cuisine. En artiste accompli, il maîtrise tous les registres d'une gastronomie précise, rigoureuse, vraie et sait demeurer classique tout en étant créatif. Un virtuose ! De la patrie du canard rouennais, je lui ai demandé de venir à mes côtés vous présenter des recettes à base de canard

Le canard

• Le canard mérite la palme d'or de la volaille. Parmi les nombreuses variétés, citons : le Nantais, un peu gras, mais à la chair très fine ; le Barbarie, corpulent, au goût légèrement musqué ; le mulard, surtout élevé pour son foie gras et ses magrets ; le Rouennais, à la chair fine et tendre – le plus souvent étouffé, ce qui lui procure une teinte plus rouge –, il est d'un goût savoureux hors pair.

• Plus un canard est jeune, plus il est tendre. Quant à la canette, elle est très souvent plus savoureuse et dodue que le canard. À l'achat, il faut que les ailerons du canard soient souples de même que la peau et, surtout, que la poitrine soit bien charnue. Enfin, sachez qu'une fois acheté, le canard doit être consommé le plus rapidement possible.

▶ Le tour de main de Robuchon

En général, un bon volailler se charge d'ôter les 2 glandes graisseuses qui permettent au canard d'avoir des plumes lisses et brillantes. Si elles ne sont pas éliminées, comme je le constate trop souvent, elles risquent de communiquer un goût amer désagréable lors de la cuisson.

Pour les retirer, posez le canard sur la poitrine, les pattes vers vous. À l'aide d'un petit couteau, faites au centre, sur le dessus du croupion, une petite incision de 2 à 3 cm. Coupez délicatement sur la gauche pour extraire une glande (grosse comme un haricot). Tournez le canard, les ailes vers vous. Incisez de l'autre côté du croupion, afin d'extraire la seconde.

Ensuite, assaisonnez l'intérieur du canard avec un mélange d'épices. Un bon conseil : n'hésitez pas à réduire vous-même les meilleures épices en poudre dans un moulin à café électrique. Préparez ensuite un mélange avec 125 g de sel fin, 1 cuillerée à soupe de gingembre, macis et coriandre, et 1 cuillerée à café de cannelle, quatre-épices et poivre. Conservez dans une boîte ou un pot hermétique.

Carpaccio de canard au vieux parmesan, vinaigrette aux herbes

Pour 2 personnes

1 aiguillette de canard • 1 magret fumé en tranches • 150 à 200 g de roquette • 1 betterave crue • 1 petite botte de ciboulette • 1 petite botte de cerfeuil • 50 g de vieux parmesan • 1 filet d'huile d'olive

Pour la vinaigrette

1 citron • 2 cl de vinaigre de xérès • 3 cl d'huile de pépins de raisin • 3 cl d'huile d'olive • sel et poivre

① Préparez la vinaigrette : pressez le citron. Versez le vinaigre dans un saladier, salez, poivrez, mélangez pour bien dissoudre le sel, ajoutez l'huile de pépins de raisin, l'huile d'olive et le jus de citron, mélangez bien et réservez.

② Demandez à votre boucher de retirer la peau et de couper l'aiguillette de canard en escalopines. Sinon, vous pouvez le faire vous-même avec un couteau bien aiguisé, en la détaillant, en biais, en tranches fines. Badigeonnez de vinaigrette les escalopines, à l'aide d'un pinceau et laissez mariner pendant 1/2 heure.

③ Pelez la betterave, coupez-la en tranches fines, puis en fine julienne. Lavez et égouttez la roquette. Lavez et ciselez la ciboulette. Lavez et essorez le cerfeuil.

④ Mélangez la roquette avec la julienne de betterave, 1 cuillerée à soupe de ciboulette ciselée et la vinaigrette. Dressez la salade en dôme, au centre d'un plat, disposez tout autour les escalopines de canard, intercalez-les avec les tranches de magret fumé et poivrez le tout.

⑤ À l'aide d'un économe, faites des copeaux avec le parmesan et ajoutez-les sur la salade. Parsemez d'1 cuillerée à soupe de pluches de cerfeuil et d'1 cuillerée à café de ciboulette ciselée. Arrosez ce carpaccio de canard d'un filet d'huile d'olive avant de servir.

Aiguillettes de canard en croûte de sel

Pour 2 personnes

2 aiguillettes de canard • 1,5 kg de gros sel gris • 2 cuil. à soupe de farine • 2 œufs • poivre

① Mélangez dans un saladier le gros sel avec 2 cuillerées à soupe de farine et 2 blancs d'œufs.

② Préchauffez le four à 240 °C (thermostat 8).

③ Faites chauffer une poêle ; quand elle est bien chaude, disposez les aiguillettes, côté peau contre le fond de la poêle, et faites-les colorer à sec rapidement sur feu vif. Puis retournez les aiguillettes, poivrez le côté peau. Comptez environ 30 secondes de cuisson pour chaque côté, les aiguillettes doivent être juste saisies, la cuisson se faisant dans la croûte de sel. Dès qu'elles sont bien dorées, retirez-les de la poêle et laissez-les refroidir à température ambiante sur une grille.

④ Tapissez le fond d'un plat allant au four d'une couche épaisse de gros sel, disposez les aiguillettes de canard dessus, côté chair vers le haut, puis recouvrez-les complètement du reste du gros sel.

⑤ Glissez le plat au four pendant 15 minutes. La cuisson terminée, cassez la croûte de sel, retirez les aiguillettes du plat et servez-les.

Ne préparez pas les aiguillettes trop à l'avance avant la cuisson, sans quoi elles risqueraient d'être trop salées.

Accompagnez ces aiguillettes de pommes sautées, de fruits d'automne ou de cèpes.

Cuisses de canard au cidre

Pour 2 personnes

2 cuisses de canard • 1 pomme (Granny Smith) • 4 petits navets • 50 g de beurre • 1 cuil. à soupe de grains de coriandre • 1 cuil. à soupe de gelée de pomme • 15 cl de cidre • 2 cuil. à soupe de fond de canard • 1 petite botte de coriandre fraîche • sel et poivre

① Faites chauffer une cocotte ; quand elle est bien chaude disposez les cuisses de canard, côté peau contre le fond de la poêle, et faites-les colorer à sec pendant 5 minutes. Lorsqu'elles sont bien dorées, retournez-les et laissez-les colorer encore 2 minutes. Retirez-les ensuite, posez-les sur une grille et assaisonnez-les de sel et poivre de chaque côté. Dégraissez la cocotte.

② Pelez la pomme, retirez les pépins, coupez-la en gros dés. Pelez les navets et coupez-les également en gros dés. Faites fondre 1 cuillerée à soupe de beurre dans la cocotte qui a servi à la cuisson des cuisses de canard, ajoutez les navets et faites-les revenir sans coloration pendant 2 minutes. Ajoutez ensuite la pomme, faites-la revenir également, puis mettez les grains de coriandre et la gelée de pomme. Dès que la gelée de pomme est fondue, disposez les cuisses de canard, déglacez avec le cidre et le fond de canard, et faites cuire à petits frémissements, à couvert, pendant 45 minutes.

③ La cuisson terminée, retirez les cuisses de canard de la cocotte et dressez-les dans un plat. Incorporez le reste du beurre, environ 1/2 cuillerée à soupe, au jus de cuisson, en prenant garde de ne plus faire bouillir la sauce. Ajoutez 1 bonne cuillerée à soupe de feuilles de coriandre fraîche, mélangez, nappez les cuisses de canard de cette sauce et des légumes et servez.

Pot-au-feu de cuisses de canard au raifort

Pour 4 personnes

4 cuisses de canard • 2 poireaux • 4 carottes •
4 navets • 1 morceau de gingembre • 1 oignon •
1 cœur de céleri-branche • 1 clou de girofle •
2 l de bouillon de volaille • 1 bouquet garni •
20 cl de crème fraîche liquide • 1 cuil. à soupe de
crème de raifort • sel et poivre

① Faites blanchir les cuisses de canard : disposez-les dans une grande casserole et recouvrez-les d'eau. Portez à ébullition et, au premier bouillon, retirez les cuisses et posez-les sur une grille.

② Fendez les poireaux en 2, lavez-les et ficelez-les. Pelez les carottes, les navets, le gingembre et l'oignon. Éliminez les filaments du céleri. Piquez l'oignon d'un clou de girofle.

③ Versez le bouillon de volaille dans une grande casserole et portez-le à ébullition. Quand il est à ébullition, ajoutez les cuisses de canard, les légumes (carottes, navets, oignon, gingembre, poireaux et céleri), le bouquet garni et faites cuire à frémissements pendant 40 à 45 minutes.

④ Au bout de 45 minutes de cuisson, prélevez 20 cl de bouillon du pot-au-feu, versez-le dans une casserole, portez-le à ébullition et faites-le réduire de moitié. Ajoutez la crème fraîche liquide et laissez-la réduire jusqu'à ce que la sauce soit bien onctueuse. Incorporez ensuite, sur feu doux, la crème de raifort et émulsionnez la sauce.

⑤ Retirez le bouquet garni et l'oignon de la cocotte. Dressez les cuisses de canard et les légumes dans un grand plat. Nappez de l'onctueuse crème au raifort et servez.

Ferran Adria

« El Bulli »
(Rosas, Espagne)

Ferran Adria est passé maître dans l'art de revisiter les classiques de la cuisine espagnole. C'est aujourd'hui, après le grand Fredy Girardet, mon cuisinier préféré dans le monde. Les Espagnols et les étrangers se bousculent pour avoir une table chez lui, à Rosas, en Espagne, et découvrir son immense talent. Il était tout naturel que je lui demande de venir à mes côtés vous présenter les tapas.

Les tapas

• Les tapas sont de fabuleux amuse-gueule qui se consomment en Espagne au moment de l'apéritif. Mais, ils sont, en général, tellement abondants qu'ils peuvent tenir lieu d'excellents repas.

• Le mot « tapa » signifie couvercle et désignait à l'origine la tranche de pain qui couvrait les verres de malaga, xérès ou manzanilla pour les protéger de la convoitise des mouches.

• Les tapas sont les mets les plus populaires d'Espagne. Généralement ils sont servis sur des soucoupes.

• On les prépare à base de calamars, de coquillages, de morue, de gambas, de tomates, de poivrons, d'œufs, d'oignons, etc.

• Dans les restaurants ou les bars, les tapas sont souvent servis au comptoir et génèrent une convivialité de bon aloi.

• Mais, entre nous, si j'aime les tapas, je « craque » pour un authentique jambon « Pata negra » ibérique, pour moi, assurément, le meilleur du monde !

▶ Le tour de main de Robuchon

Mes tapas

Voici une recette typique de tapas, délicieuse, simple à préparer, et, ce qui ne gâche rien, pas chère.

> 1 l de coques • 2 pincées de thym frais • 1 petit piment oiseau • 10 cl d'huile d'olive • 1 cuil. à soupe de petits dés de chorizo

• Mettez dans une cocotte 1 litre de coques soigneusement lavées. Ajoutez le thym frais, le piment oiseau et l'huile d'olive. Couvrez et portez sur feu vif.

• Dès que les coques s'ouvrent, retirez-les du feu ; ne les faites surtout pas trop cuire. Aussitôt, parsemez-les des petits dés de chorizo et mélangez.

• Laissez-les tiédir. Pour chaque coque, retirez la demi-coquille vide et laissez la coque dans l'autre moitié. Posez ces demi-coquilles dans un plat.

• Servez les coques froides. Une merveille de saveur !

Pour toutes les recettes de tapas, le nombre de personnes n'est pas indiqué, car il varie en fonction des variétés de tapas servies et de la faim des convives.

Brochettes de morue

> 400 g de morue salée • 50 g de purée d'olive noire • 2 oignons avec leur tige • 3 tomates • 1 morceau de baguette • 15 cl d'huile d'olive • gros sel
>
> 4 pics à brochette

① Dessalez la morue en la laissant tremper dans de l'eau fraîche toute la nuit.

② Versez l'huile d'olive sur la purée d'olive noire, mélangez et réservez. (Pour la purée d'olive, mixez des olives dénoyautées.)

③ Coupez les tiges des oignons, et effeuillez-les (utilisez les bulbes pour un autre usage). Portez de l'eau à ébullition, salez-la au gros sel et plongez les feuilles de tige d'oignons pour les blanchir. Laissez-les 2 minutes, elles doivent être flexibles, rafraîchissez-les rapidement, puis égouttez-les.

④ Quand la morue est dessalée, coupez-la en cubes de 2 cm. Plongez 2 tomates quelques secondes dans de l'eau bouillante. Pelez-les, coupez-les en 2, puis coupez la chair en dés de 2 cm.

⑤ Dressez les brochettes : piquez sur chaque pic, un dé de morue, puis de tomate, une feuille de tige d'oignon pliée en 3, un dé de tomate, une feuille de tige d'oignon pliée en 3, et finissez avec un dé de morue.

⑥ Coupez le morceau de baguette en 2 dans la largeur, puis fendez-les en 2. Lavez la troisième tomate, coupez-la en 2 et retirez les graines. Frottez les 4 morceaux de baguette avec la tomate, pour imbiber le pain de la pulpe de la tomate. Assaisonnez chaque brochette de morue d'une cuillerée à soupe de l'huile à la purée d'olive. Présentez ces brochettes accompagnées des morceaux de pain arrosés d'un filet d'huile d'olive.

Servez ces « brochettes » en apéritif.

Palourdes en sauce verte

16 palourdes • 2 gousses d'ail • 1 bottillon de persil • 1 cuil. à soupe de farine • 1 cuil. à soupe d'huile d'olive

① Préchauffez le four à 240 °C (thermostat 8) ou le gril.

② Faites bouillir de l'eau dans une casserole. Plongez les palourdes pendant 10 secondes dans l'eau à ébullition ; dès qu'elles commencent à s'ouvrir, retirez-les aussitôt de l'eau. Il faut que les palourdes soient à peine ouvertes. Décortiquez-les en conservant le jus qu'elles rendent ainsi que le jus de cuisson. Laissez reposer ce jus pour que les impuretés tombent au fond du récipient. Disposez les palourdes décortiquées dans un plat de service.

③ Pelez et hachez les gousses d'ail. Dans une petite casserole, sur feu doux, faites-les suer sans coloration pendant 1 petite minute dans 1 bonne cuillerée à soupe d'huile d'olive. Toujours sur feu très doux, ajoutez 2 cuillerées à soupe de persil plat haché, mélangez et laissez chauffer 10 à 20 secondes, incorporez une demi-cuillerée à soupe de farine, chauffez 1 petite minute.

④ Quand le jus de cuisson des palourdes s'est clarifié, versez-le dans la casserole. Ajoutez 1 bonne cuillère à soupe de persil plat concassé, mélangez et retirez du feu. Nappez les palourdes de la sauce, passez-les au four 30 secondes ou sous le gril, juste pour les tiédir et servez aussitôt.

Calamars et asperges à la romaine

1 calamar de 300 g environ avec son encre (ou achetez une poche d'encre dans le commerce) • 8 asperges vertes • sel

Pour la pâte à beignet
10 g de levure de boulanger • 1 cuil. à soupe d'eau tiède • 1 pincée de sel • 1 pincée de sucre • 20 cl d'eau froide • 150 g de farine

1 friteuse

① Préparez la pâte à beignet : faites dissoudre dans un saladier, à l'aide d'un fouet, la levure avec 1 cuillerée à soupe d'eau tiède. Ajoutez ensuite 1 pincée de sel, 1 pincée de sucre, 20 cl d'eau froide, la farine et mélangez bien. Divisez la pâte à beignet en 2, en versant la moitié de pâte dans un autre saladier. Laissez reposer la pâte à température ambiante pendant 3 heures.

② Au bout de 3 heures, vérifiez la texture de la pâte à beignet : elle doit être onctueuse, épaisse mais encore liquide. Si elle est trop épaisse, détendez-la avec un peu d'eau ; si, au contraire, elle est trop liquide, ajoutez un peu de farine. Dans l'une des 2 pâtes, incorporez 1 bonne cuillerée à soupe d'encre de calamars.

③ Préchauffez la friteuse à 160-170 °C. Pelez les asperges et lavez-les. Trempez les asperges dans la pâte à beignet, puis plongez-les dans la friteuse. Faites-les cuire 3 minutes, en les remuant pendant la cuisson pour qu'elles ne collent pas entre elles. Puis égouttez-les sur du papier absorbant et salez-les aussitôt.

④ Coupez le calamar en anneaux de 2 à 3 mm et trempez-les dans la pâte à beignets à l'encre. Plongez-les dans la friteuse 1 minute, puis égouttez-les sur du papier absorbant et salez-les.

⑤ Dressez harmonieusement les asperges avec les calamars dans un plat et servez.

Gambas à l'ail

6 gambas • 2 gousses d'ail • 1 piment oiseau • 1 bottillon de persil plat • 3 cuil. à soupe d'huile d'olive

① Décortiquez les gambas, conservez les têtes. À l'aide d'un couteau, fendez en 2 chaque queue de gambas sur 1 à 2 cm de longueur, le boyau disgracieux apparaît, soulevez-le délicatement avec la pointe du couteau et tirez-le sur toute la longueur.

② Faites chauffer 1 cuillerée à café d'huile d'olive, pas plus, dans une poêle, posez les têtes des gambas, faites-les juste dorer de chaque côté, puis débarrassez-les sur une assiette. Lorsque les têtes sont froides, pressez-les pour récupérer le corail. Passez ce corail à travers une passette et pressez-le avec le dos d'une cuillère. Réservez le corail dans un récipient.

③ Pelez les gousses d'ail, dégermez-les et émincez-les dans la largeur. Faites chauffer 2 cuillerées à soupe d'huile d'olive dans une petite casserole ; quand elle est tiède, faites-y colorer l'ail et le piment oiseau, les lamelles d'ail doivent être blondes. Égouttez ces « chips » d'ail et le piment oiseau sur du papier absorbant.

④ Versez et chauffez l'huile de cuisson de l'ail dans une poêle. Salez les queues de gambas et saisissez-les rapidement dans l'huile bien chaude, elles doivent être à peine cuites, encore translucides au milieu. Réservez les gambas sur une assiette et laissez refroidir l'huile de cuisson des gambas.

⑤ Quand l'huile est tiède, et c'est important, versez-la sur le corail, mélangez et ajoutez 1 cuillerée à soupe de persil plat concassé. Si les gambas sont froides, avant de les dresser, passez-les quelques secondes au four afin de les réchauffer. Dressez les gambas sur une assiette, nappez-les de la sauce corail, disposez les « chips » d'ail et, pour la décoration, le piment oiseau.

Marco Faiola

« Le Stresa »
(Paris, VIIIe)

Italiens jusqu'au bout des ongles, les six frères Faiola exercent leur talent au fameux *Stresa*, le plus connu et le plus mondain des restaurants italiens de la capitale. Ils n'ont pas leur pareil pour donner du génie à un plat de pâtes tout simple, qu'ils accompagnent, bien sûr, de parmesan. Ils étaient donc tout désignés pour vous présenter ce merveilleux fromage.

Le parmesan

- Originaire de la province de Parme, le parmigiano, ou parmesan, est le roi des fromages italiens. On le râpait déjà sur les pâtes au XIVe siècle et il fut introduit en France au XVIIIe siècle.
- Fabriqué à partir de lait écrémé de vache, c'est un fromage à pâte pressée, cuite, que l'on affine généralement de 1 à 3 ans, voire, très exceptionnellement, 10 ans.
- Le parmesan se présente en grosse meule cylindrique, pesant de 30 à 40 kg, aux flancs bombés où est incrusté le nom du producteur.
- Pour tout achat à la coupe, n'hésitez pas à demander à le goûter. Vous vous éviterez ainsi la mauvaise surprise d'un parmesan rance, trop piquant et salé.
- En ce qui me concerne, je préfère un jeune parmesan, de moins de 2 ans, qui a gardé du gras, de l'humidité et une texture souple.
- Particulièrement fruité, le parmesan est l'accompagnement idéal des pâtes et des carpaccios. À la fin d'un repas, il se marie à merveille avec les poires.
- Enfin, sachez qu'il est préférable de l'acheter au fur et à mesure de vos besoins et de le râper vous-même, à la dernière minute. Vous y gagnerez en saveur.

► Le tour de main de Robuchon

Mes «galettes» de parmesan

Voici une préparation pour un amuse-gueule, facile à préparer, original et élégant.

1 morceau de parmesan • 1 bottillon de cerfeuil
• 1 branche d'estragon

• Préchauffez le four à 200 °C (thermostat 6). Sur une plaque à pâtisserie, déposez un cercle à tartelette de 10 cm de diamètre environ. Garnissez une moulinette d'un morceau de parmesan jeune. Recouvrez la surface intérieure du cercle d'une fine pellicule de parmesan, râpé au fur et à mesure.
• Au centre du cercle, disposez 3 pluches de cerfeuil et 1 feuille d'estragon. Faites 3 autres «galettes» de la même manière. Mettez ensuite la plaque dans le four pendant 10 minutes.
• Servez les telles quelles à l'apéritif, je vous garantis le succès.

Vous pouvez préparer ces galettes à l'avance, c'est-à-dire le matin pour le soir.

Asperges au parmesan

Pour 2 personnes

80 g de parmesan • 12 asperges vertes • 80 g de beurre • sel et poivre

① Pelez et lavez les asperges, ficelez-les en 2 bottes de 6 asperges. Plongez-les dans une grande quantité d'eau bouillante salée, laissez-les cuire pendant 5 à 6 minutes ; les asperges doivent être croquantes. Lorsqu'elles sont cuites, égouttez-les, posez-les sur un linge, coupez et retirez les ficelles.
② Dressez les asperges sur un plat de service, recouvrez-les d'une serviette, posez le plat sur la casserole remplie d'eau bouillante qui a servi à la cuisson, afin de garder les asperges bien au chaud.

③ Faites fondre le beurre, laissez-le chauffer jusqu'à ce qu'il devienne couleur noisette. Râpez le parmesan et parsemez-en les asperges, en insistant particulièrement sur les pointes. Ne mettez pas le parmesan trop tôt pour qu'il ne fonde pas.

④ Lorsque le beurre est noisette, versez-le sur les asperges, il fait alors mousser le parmesan. Donnez un tour de moulin à poivre et servez aussitôt en entrée.

Consommé au parmesan et aux œufs

Pour 4 personnes

60 g de parmesan • 1 l de bouillon de volaille •
1 bouquet de persil plat • 4 œufs • sel et poivre

① Portez à ébullition 3/4 de litre du bouillon de volaille, puis maintenez-le au chaud. Lavez, essorez et hachez le persil plat. Râpez le parmesan.

② Cassez les œufs dans un récipient, battez-les avec un fouet, salez-les légèrement, poivrez-les, ajoutez 2 cuillerées à soupe de persil plat haché, 40 g de parmesan râpé et 1/4 de litre de bouillon de volaille froid. Mélangez bien.

③ Versez ensuite, tout en mélangeant bien au fouet, les 3/4 de litre du bouillon de volaille chaud, dans la préparation aux œufs. Lorsque le bouillon est bien incorporé, versez le tout dans une grande casserole, portez à ébullition rapidement sur feu vif, tout en mélangeant délicatement. À la chaleur, l'œuf coagule et remonte cuit en petits morceaux à la surface. Aux premiers frémissements, retirez du feu et rectifiez l'assaisonnement.

④ Dressez la *stracciatella* en soupière, parsemez-la de 2 bonnes cuillerées à soupe de parmesan râpé et servez.

Tagliatelles au parmesan et au jambon de Parme

Pour 4 personnes

60 g de parmesan • 250 g de tagliatelles • 1 tranche de 80 g de jambon de Parme maigre • 20 cl de crème fraîche liquide • 1 pincée de noix de muscade • 60 g de beurre • sel et poivre • gros sel

① Mélangez dans un récipient la crème fraîche avec 1 pincée de sel, de poivre noir et de noix de muscade et réservez. Coupez le jambon de Parme en petits dés. Râpez le parmesan.

② Faites fondre le beurre dans une grande casserole. Ajoutez le jambon et faites-le chauffer dans le beurre sur feu doux pendant 1 petite minute. Maintenez ces dés de jambon au chaud.

③ Faites cuire les tagliatelles : portez 2,5 litres d'eau à ébullition, salez avec 25 g de gros sel. Plongez les tagliatelles dans l'eau bouillante salée et faites-les cuire à ébullition pendant 4 minutes ; les tagliatelles doivent être « al dente ». (Si vous utilisez des tagliatelles industrielles, reportez-vous au temps de cuisson indiqué sur la boîte.) Remuez les pâtes tout au long de la cuisson, pour éviter qu'elles ne collent. Lorsqu'elles sont cuites, égouttez-les rapidement.

④ Mettez les pâtes dans la casserole contenant les dés de jambon maintenus au chaud, versez la crème fraîche assaisonnée, mélangez le tout sur feu doux, saupoudrez les pâtes du parmesan râpé et mélangez. Quand les pâtes sont bien chaudes, servez-les, comme en Italie, en entrée.

Pour faire cuire 100 g de pâtes, mettez 1 litre d'eau et 10 g de gros sel.

Risotto au parmesan

Pour 4 personnes

75 g de parmesan • 300 g de riz rond italien • 1 l de bouillon de volaille • 1 oignon • 10 bons cl d'huile d'olive • 10 cl de vin blanc sec • sel et poivre

① Portez le bouillon de volaille à ébullition et maintenez-le au chaud.

② Pelez et hachez l'oignon. Versez 10 cl d'huile d'olive dans une cocotte et faites suer l'oignon, sans coloration, sur feu doux, pendant 3 minutes environ.

③ Ajoutez le riz, non lavé, et mélangez pendant 1 minute pour bien l'enrober de l'huile d'olive. Mouillez ensuite avec le vin blanc sec, laissez-le s'évaporer pendant 3 minutes, toujours en remuant bien ; le riz ne doit pas coller.

④ Versez ensuite sur le riz le litre de bouillon de volaille maintenu au chaud, petit à petit, environ une louche toutes les 3 minutes, sur feu moyen ; le bouillon doit frémir. Tout en prenant soin de bien mélanger, afin que le riz ne colle pas, comptez environ 20 minutes de cuisson.

⑤ Râpez le parmesan. Au bout de 20 minutes, le riz a absorbé une bonne partie du bouillon de volaille, il doit rester moelleux, incorporez le parmesan râpé et mélangez bien. Sur feu éteint, vérifiez l'assaisonnement, ajoutez à votre convenance un peu de sel ou de poivre, ajoutez un filet d'huile d'olive en l'incorporant à l'aide d'une fourchette à rôtir, de manière à égrener le riz. Servez aussitôt, bien chaud.

Patrick Cardin

« Le Relais Saint-Antoine »
(Niort, Deux-Sèvres)

Plutôt timide et réservé, Patrick Cardin possède un vrai talent de cuisinier, avec tout ce que cela comporte de rigueur et d'inventivité. Il n'a
pas choisi la facilité en allant s'installer à Niort au *Relais Saint-Antoine* et
il faut faire le détour pour le découvrir. Mais, aujourd'hui, sa réputation est
établie. C'est qu'il est parvenu à un savoureux dosage entre la tradition du
terroir poitevin et une approche moderne de la cuisine. Nous avons choisi
de vous présenter d'étonnantes recettes de poireaux.

Le poireau

• Surnommé l'asperge du pauvre, le poireau est cependant un bien savoureux légume. Avant d'arriver dans nos potagers, il a vécu une longue histoire qui remonte aux Égyptiens et aux Hébreux. Les Romains l'appréciaient et Néron l'utilisait pour s'éclaircir la voix avant de déclamer ses poèmes. Durant des siècles, en France, il fut la base des soupes.

• On trouve le poireau toute l'année. En automne et, surtout, en hiver, il est gros, de goût soutenu. Au printemps, le poireau primeur, plus fin, est de saveur tendre et exquise.

• À l'achat, un bon poireau doit être frais, avec des feuilles vertes, brillantes, crissantes au toucher, la partie blanche ferme, et les racines bien adhérentes.

• Le poireau s'apprête un peu comme l'asperge, mais c'est surtout le blanc que l'on mange. Encore que le vert soit délicieux lorsqu'il s'agit d'un jeune poireau...

• Il s'associe à merveille avec le poulet, le bœuf, le veau, le porc, le poisson, les coquillages, etc.

• Croyez-moi ! c'est un légume noble. D'ailleurs n'a-t-on pas surnommé le mérite agricole, le « poireau » ?

▶ Le tour de main de Robuchon

Mes brochettes aux poireaux

Voici une recette de brochette, composée de petites bouchées de poulet et de poireaux sauce soja, à servir en guise d'amuse-gueule.

Pour 4 brochettes :

2 petits poireaux • 1 cuisse de poulet • curry en poudre • sauce soja (du commerce) • 1 noix de beurre • sel et poivre

• Parez et lavez les poireaux, coupez-les en 8 bâtonnets de 3 cm de long. Portez de l'eau à ébullition. Salez, ajoutez les poireaux et laissez-les cuire pendant 2 minutes à ébullition. Au bout de 2 minutes, retirez-les et rafraîchissez-les rapidement dans de l'eau bien froide, puis égouttez-les.

• Retirez la peau et les nerfs de la cuisse de poulet. Découpez 12 morceaux de 3 cm de long sur 1 cm environ, dans cette cuisse. Utilisez de préférence la chair de cuisse de poulet car elle est moins sèche, mais vous pouvez aussi prendre les blancs.

• Enfilez sur une brochette en bois, un morceau de poulet, un tronçon de poireau, et encore un morceau de poulet. Confectionnez les autres brochettes. Posez-les dans un plat. Poudrez chaque brochette de curry et arrosez-les de quelques gouttes de soja. Laissez-les « mariner » pendant 5 minutes, en les retournant 1 à 2 fois. Ne les laissez pas plus longtemps, sinon le poulet risquerait d'être trop salé par la sauce soja.

• Ensuite, faites fondre une noix de beurre dans une poêle. Quand il est presque à la couleur noisette, faites cuire les brochettes pendant 2 minutes, en les retournant sur toutes les faces, jusqu'à ce qu'elles soient bien dorées. Poivrez-les et servez-les aussitôt.

Vous pouvez également confectionner des brochettes plus grosses et les faire griller sur des braises chaudes. Accompagnées d'une sauce curry, c'est un régal.

Poireaux à la poitevine

Pour 4 personnes

6 poireaux • 200 g de lardons fumés • 20 g de saindoux • sel et poivre

① Mettez les lardons dans une casserole, recouvrez-les à hauteur d'eau froide, portez à ébullition pendant 30 secondes, juste le temps de les faire blanchir pour les dessaler un peu, puis égouttez-les.

② Faites fondre le saindoux dans une cocotte ; dès qu'il commence à pétiller, ajoutez les lardons blanchis et faites-les colorer légèrement ; ils doivent être à peine blonds.

③ Éliminez les feuilles vertes des poireaux. Lavez les poireaux et faites-les bien sécher en les essuyant délicatement, dans un torchon propre, par exemple. Coupez-les ensuite en tronçons de 2 cm.

④ Ajoutez les poireaux dans la cocotte, enrobez-les bien du saindoux, salez-les légèrement, poivrez-les et mélangez. Couvrez et faites cuire de 30 à 35 minutes sur feu très doux en mélangeant de temps en temps pendant la cuisson.

⑤ Au bout de 35 minutes de cuisson, les poireaux sont bien compotés, vérifiez l'assaisonnement et servez-les en entrée avec des petits croûtons aillés.

Potage parmentier julienne de poireaux

Pour 4 personnes

4 blancs de poireaux • 700 g de pommes de terre • 70 g de beurre • 1 carotte • 10 cl de crème fraîche • 1 bouquet de cerfeuil • sel et poivre

1 mixeur

① Coupez 3 blancs de poireaux en 2, lavez-les bien puis émincez-les. Épluchez les pommes de terre, coupez-les en dés et lavez-les.

② Faites suer sans coloration pendant 2 à 3 minutes à feu doux, les poireaux émincés avec 50 g de beurre, en les salant légèrement. Ajoutez ensuite les dés de pommes de terre et mélangez-les pour les enrober du

beurre et des poireaux. Mouillez avec 1 litre d'eau froide, salez légèrement, portez à ébullition, couvrez et laissez cuire pendant 30 minutes. Écumez de temps en temps pendant la cuisson.

③ Fendez le quatrième poireau en 2, lavez-le, coupez-le en bâtonnets puis en julienne. Pelez la carotte et râpez-la.

④ Faites chauffer dans une casserole 20 g de beurre. Lorsque le beurre commence à fondre, ajoutez la julienne de poireau et de carotte, salez légèrement, mélangez, couvrez et laissez cuire sur feu très doux pendant 8 minutes. Mélangez de temps en temps pendant la cuisson.

⑤ Après 30 minutes de cuisson, mixez le potage, rectifiez l'assaisonnement et mélangez. Disposez la julienne au fond de la soupière, versez le potage par-dessus, ajoutez la crème fraîche, parsemez de quelques pluches de cerfeuil et servez.

Tarte aux poireaux

Pour 4 personnes

6 poireaux • 200 g de pâte brisée • 2 œufs • 1 pincée de noix de muscade • 12 cl de lait • 12 cl de crème fraîche liquide • sel et poivre

① Préchauffez le four à 200 °C (thermostat 6). Étalez la pâte brisée, puis foncez-en le moule à tarte. Faites précuire la pâte : disposez une feuille d'aluminium sur la pâte afin qu'elle ne colore pas, protégez également les bords. Mettez des poids, des haricots secs ou même des petits cailloux lavés dessus pour empêcher la pâte de gonfler à la cuisson. Enfournez et faites cuire la pâte pendant 10 minutes.

② Lavez les poireaux, ficelez-les en 2 bottes de 3 poireaux. Plongez-les dans une grande quantité d'eau salée à petite ébullition, et faites-les cuire pendant 10 minutes. Puis égouttez-les, retirez les ficelles, pressez-les délicatement avec une écumoire ou une fourchette pour retirer le maximum d'eau.

③ Mélangez 1 œuf entier avec un jaune, assaisonnez de sel, de poivre et d'une pointe de noix de muscade. Incorporez le lait et la crème tout en mélangeant.

④ Quand le fond de tarte est précuit, retirez les poids et la feuille d'aluminium. Disposez harmonieusement les poireaux fendus en 2 dans la longueur sur le fond de tarte.

⑤ Versez l'appareil à la crème fraîche sur les poireaux et glissez la tarte au four pendant 25 minutes environ.

Poireaux au gratin

Pour 4 personnes

4 poireaux • 70 g de beurre • 50 g de gruyère râpé • sel et poivre blanc

① Lavez les poireaux, retirez la partie verte et coupez-les en tronçons de 5 à 6 cm de long. Plongez les poireaux dans une grande casserole remplie d'eau bouillante et salée et faites-les blanchir pendant 4 à 5 minutes.

② Préchauffez le four sur position gril.

③ Au bout de 5 minutes de cuisson, les poireaux sont blanchis, égouttez-les. Faites chauffer 60 g de beurre dans une sauteuse assez large pour que les morceaux de poireaux ne se chevauchent pas. Lorsque le beurre est presque fondu, disposez les tronçons de poireaux sans les faire se chevaucher, roulez-les dans le beurre, assaisonnez-les de sel et de poivre, retournez-les, couvrez-les et laissez-les cuire 30 minutes sur feu doux, sans coloration. Retournez-les en cours de cuisson.

④ Beurrez un plat à gratin avec le beurre restant. Après 30 minutes de cuisson, piquez les poireaux pour vérifier leur cuisson, puis disposez-les dans le plat à gratin toujours sans les faire se chevaucher, parsemez-les du gruyère râpé, et mettez sous le gril du four pendant 5 minutes, le temps que le gratin soit bien gratiné.

Éric Bouchenoire

Assistant de Joël Robuchon
(Paris)

Après avoir été longtemps à mes côtés un précieux collaborateur de mon restaurant, Éric Bouchenoire assure maintenant dans l'ombre tout le contrôle technique des recettes pour « Cuisinez comme un grand chef ». Un travail considérable ! Si j'ai voulu qu'il soit aujourd'hui sous les feux des projecteurs c'est, bien sûr, parce que son talent de cuisinier est grand mais aussi parce que son expérience a fait de lui un vrai magicien des sauces au beurre.

Les sauces au beurre

• Accusé de tous les maux et mis au pilori, on s'aperçoit maintenant que le beurre, produit naturel, est indispensable à notre santé. Il est vrai que si on l'a beaucoup dénigré, c'est qu'on l'utilisait mal.

• Le beurre était déjà connu dans l'Antiquité mais ce sont les Normands, venus du nord de l'Europe, qui introduisirent le beurre en France. Dès le Moyen Âge sa fabrication est devenue courante.

• Il existe plusieurs types de beurre. Parmi eux, le « fermier » ou beurre cru, fabriqué artisanalement, est le plus savoureux mais il ne se conserve pas plus de 3 jours. Le beurre laitier, tout aussi fragile, est fabriqué industriellement avec du lait cru ou pasteurisé. Le beurre le plus répandu est le beurre pasteurisé dont la qualité varie selon la marque. Il est fabriqué industriellement, uniquement à partir de lait pasteurisé. Mon préféré est le beurre salé, qui contient de 5 à 10 % de sel, et le demi-sel, de 2 à 5 %.

• Un bon beurre doit posséder une odeur franche et une saveur noisette assez marquée. À température ambiante, il ne doit être ni cassant, ni collant, ni grumeleux, ni laisser suinter d'eau. Enfin, il se tartine facilement.

• Comme le vin, le beurre a ses grands crus. Et j'avoue, étant poitevin, avoir un faible pour le beurre Charentes-Poitou qui, parfois, a un subtil goût de violette.

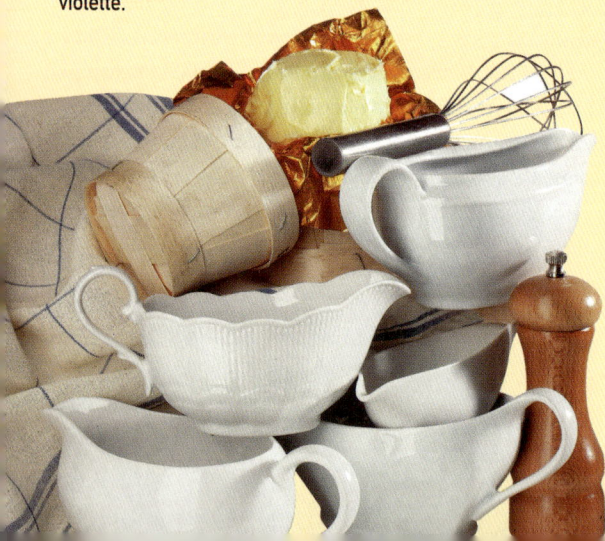

► Le tour de main de Robuchon

Comment faire un beurre clarifié ?

Pour réussir les sauces hollandaises et béarnaises, il faut clarifier le beurre. Une préparation simple qui peut servir souvent en cuisine. Sachez que le beurre clarifié supporte des températures plus élevées et que, surtout, il ne provoque pas ces petites particules noires, inévitables avec le beurre non clarifié, et que l'on peut rencontrer quand on fait poêler des viandes panées, sauter des ingrédients comme des pommes de terre, des pommes fruits, des poires, etc.

• Pour faire le beurre clarifié, mettez le beurre dans un récipient résistant à la chaleur, et surtout, le plus étroit possible pour récupérer le beurre plus facilement. Mettez-le au bain-marie, faites chauffer et laissez le beurre fondre doucement, jusqu'à ce que le petit-lait tombe au fond. Éteignez le feu, retirez la petite pellicule qui s'est formée sur le dessus. Puis, avec une petite louche, retirez délicatement le beurre, sans prendre le petit-lait tombé au fond, et passez-le. N'essayez pas de verser directement avec le récipient, vous risqueriez de laisser couler un peu de petit-lait. Jetez le petit-lait.

• Pour conserver ce beurre clarifié, mettez-le dans un pot et fermez-le bien hermétiquement. Puis placez-le dans votre réfrigérateur. Il se conservera ainsi plusieures semaines.

• Quand vous l'utiliserez, il faudra le surveiller, car, du fait qu'il ne contient plus d'eau, il ne pétille pas, ce qui permet d'ordinaire de savoir que le beurre est chaud.

Beurre blanc

Pour 4 à 6 personnes

250 g de beurre doux • 3 échalotes (grises de préférence) • 15 cl de vin blanc (de Jasnières, par
exemple) • 10 cl de vinaigre de vin blanc • 1 pincée de piment de Cayenne • sel et poivre

1 chinois

① Pelez les échalotes, hachez-les et mettez-les dans une casserole.

② Versez sur les échalotes le vin blanc et le vinaigre de vin blanc, et
portez à ébullition. Une fois l'ébullition obtenue, baissez à frémissements et laissez réduire doucement jusqu'à ce qu'il reste uniquement
la valeur de 2 cuillerées à soupe de liquide en plus des échalotes. Plus
le vin réduit doucement, meilleur est le beurre blanc.

③ Quand les échalotes sont confites, le vin blanc et le vinaigre réduits,
incorporez, sur feu doux, le beurre bien froid coupé en petits morceaux.
Mettez ce beurre petit à petit, en fouettant vivement et en formant un
8 dans la casserole ; commencez par 1 cuillerée à soupe de beurre, dès
que le beurre est à moitié fondu, ajoutez une deuxième cuillerée, etc.
Incorporez la dernière cuillerée de beurre sur feu éteint.

④ Assaisonnez de sel et de poivre et d'une pincée de piment de
Cayenne. Si vous ne voulez pas avoir de morceaux d'échalotes dans la
sauce, passez le beurre blanc au chinois. Dressez le beurre blanc dans
une saucière, servez-le ni tiède ni chaud, entre les deux. Avec un brochet, un saumon ou un poisson de rivière, c'est un régal.

Sauce hollandaise

Pour 4 à 6 personnes

250 g de beurre doux • 4 œufs • 1 citron • 1 pointe de poivre de Cayenne • sel

① Clarifiez le beurre : voir le tour de main page 259.

② Battez 4 jaunes d'œufs avec 2 cuillerées à soupe d'eau froide dans une petite casserole. Plus vous mettrez d'eau, plus la sauce hollandaise sera liquide. Évitez les casseroles en aluminium qui font noircir la sauce, préférez celles inoxydables pour toutes les sauces au beurre.

③ Préparez un bain-marie dans une casserole assez large, disposez un linge au fond et portez l'eau à frémissements. Placez la casserole où se trouvent les œufs dans le bain-marie. L'eau doit être à 60 °C et arriver un peu au-dessus du niveau des jaunes d'œufs. Fouettez vivement, sans arrêt, en formant un 8 et en faisant de temps en temps le tour de la casserole pour éviter que les jaunes coagulent, jusqu'à ce que le mélange épaississe et que l'on commence à apercevoir le fond de la casserole. Les jaunes doivent être bien lisses et onctueux.

④ Quand les jaunes sont prêts, retirez-les du feu, salez-les légèrement, ajoutez le piment de Cayenne et mélangez bien.

⑤ Incorporez alors, petit à petit, toujours hors du feu, le beurre clarifié tiède avec un fouet, en tournant en rond dans la casserole. Si, malencontreusement, le beurre se détachait des jaunes, ajoutez une cuillerée à soupe d'eau bouillante et fouettez bien pour lier le tout.

⑥ Pressez un demi-citron, versez le jus dans la sauce et mélangez bien. Rectifiez l'assaisonnement. Si la sauce est grumeleuse, passez-la au chinois.

⑦ Servez cette sauce hollandaise avec du poisson. Vous pouvez aussi la servir avec des asperges si vous y incorporez, avant de la servir, de la crème fouettée bien ferme (10 cl de crème fouettée pour 20 cl de sauce hollandaise).

Beurre rouge

Pour 4 personnes

250 g de beurre doux • 3 échalotes • 40 cl de vin rouge corsé • sel et poivre

1 chinois

① Pelez et hachez finement les échalotes. Faites-les suer dans 10 g de beurre, sur feu doux, sans coloration, pendant 2 minutes environ ; ajoutez une pointe de sel.

② Quand les échalotes commencent à devenir translucides, versez le vin rouge dessus, mélangez et portez à ébullition. Une fois l'ébullition obtenue, baissez le feu pour avoir un frémissement et laissez réduire doucement pendant 30 minutes jusqu'à ce qu'il reste uniquement la valeur de 2 cuillerées à soupe de vin en plus des échalotes. Plus le vin réduit doucement, meilleur c'est.

③ Incorporez ensuite, sur feu très doux, 240 g de beurre bien froid coupé en petits morceaux. Mettez ce beurre petit à petit, en fouettant vivement et en formant un 8 dans la casserole ; commencez par 1 cuillerée à soupe de beurre, dès que le beurre est à moitié fondu, ajoutez une deuxième cuillerée, etc. Incorporez la dernière cuillerée de beurre sur feu éteint. Vérifiez l'assaisonnement en sel et poivre.

④ Passez la sauce au chinois, pressez délicatement avec le dos d'une cuillère pour en exprimer tous les sucs. Dressez le beurre rouge en saucière et servez, ni bouillant ni tiède.

Servez avec du poisson ou des viandes rouges grillées.

Sauce béarnaise

Pour 4 personnes

250 g de beurre doux • 3 échalotes • 1 botte d'estragon • 1 bottillon de cerfeuil • 10 cl de vinaigre d'alcool d'estragon • 20 cl de vin blanc sec • 2 cuil. à café de poivre mignonnette • 4 œufs • sel et poivre

① Pelez et hachez les échalotes. Lavez, essorez et concassez l'estragon et le cerfeuil séparément.

② Clarifiez le beurre : voir le tour de main page 259.

③ Mettez les échalotes dans une casserole avec le vinaigre d'alcool d'estragon, le vin blanc sec, le poivre mignonnette et 1 bonne cuillerée à soupe d'estragon concassé. Portez à ébullition le plus rapidement possible. Une fois l'ébullition obtenue, baissez jusqu'à obtenir un frémissement et laissez réduire doucement jusqu'à ce qu'il reste uniquement la valeur de 2 cuillerées à soupe de liquide en plus des échalotes, de l'estragon et du poivre. Battez les jaunes d'œufs avec 1 cuillerée à soupe d'eau froide et incorporez-les à la réduction.

④ Préparez un bain-marie dans une casserole assez large, disposez un linge au fond et portez l'eau à frémissements. Puis placez la casserole de la réduction à l'estragon et aux œufs dans le bain-marie, l'eau doit arriver un peu au-dessus du niveau des jaunes d'œufs. Fouettez vivement, sur feu très doux, sans arrêt, en formant un 8 et en faisant de temps en temps le tour de la casserole pour éviter que les jaunes coagulent, jusqu'à ce que les œufs soient bien montés et que l'on commence à apercevoir le fond de la casserole. Cette préparation s'appelle un sabayon. Salez, poivrez sur feu éteint et mélangez.

⑤ Retirez la casserole du bain-marie. Incorporez dans le sabayon le beurre clarifié tiède (30-40 °C), en filet, en tournant en rond dans la casserole. Plus il y a de beurre incorporé dans le sabayon, plus on peut aller vite pour verser le restant.

⑥ Lavez et effeuillez l'estragon et le cerfeuil ; ciselez les feuilles. Terminez la sauce béarnaise en ajoutant 1 cuillerée à soupe d'estragon et 1 cuillerée à soupe de cerfeuil et mélangez bien. Vérifiez l'assaisonnement en sel et poivre.

⑦ Dressez cette sauce en saucière et servez-la tiède avec des viandes rouges grillées : une entrecôte, une côte de bœuf...

Paul Bartolotta

« Spiaggia »
(Chicago, États-Unis)

Le meilleur restaurant italien des États-Unis est sûrement le *Spiaggia*, de Chicago, avec son excellent chef, Paul Bartolotta. Son étonnant savoir-faire restitue, le temps d'un « Tortellini pasticciati al ragu » ou d'une « Tagliatelle con cappesante e gamberi », tout le soleil, les parfums et les couleurs vibrantes de l'Italie. On en oublierait l'extraordinaire panorama sur le lac Michigan ! Véritablement inspiré, lorsqu'il nous prépare un plat de pâtes ou de riz aux moules, on ne sait qui du riz, des pâtes ou des moules sont les plus délectables.

Les moules

- Les moules sont sûrement les plus populaires des fruits de mer. En France, la mytiliculture, ou élevage des moules, remonte au XIIIᵉ siècle.
- Les plus prisées sont les bouchots, dont l'invention serait due à un voyageur irlandais qui, en 1290, aurait fait naufrage près de La Rochelle. Mais celles de Bouzigues, sur l'étang de Thau, dans l'Hérault, ont aussi leurs partisans.
- Les moules de Hollande sont plus grosses, mais, à mon avis, d'une chair moins délicate. Quant à celles d'Espagne, ce sont les plus impressionnantes de toutes mais leur chair rétrécit à la cuisson.
- Avant de les faire cuire, il faut, bien sûr, gratter les moules et les laver plusieurs fois à grandes eaux. Éliminez les moules d'odeurs douteuses, ainsi que celles qui flottent dans l'eau de lavage car elles se sont sûrement vidées de leur eau.
- Dans tous les cas, quelle que soit la préparation, ne les faites pas trop cuire ! Elles conserveront ainsi toute leur saveur et le moelleux de leur texture.

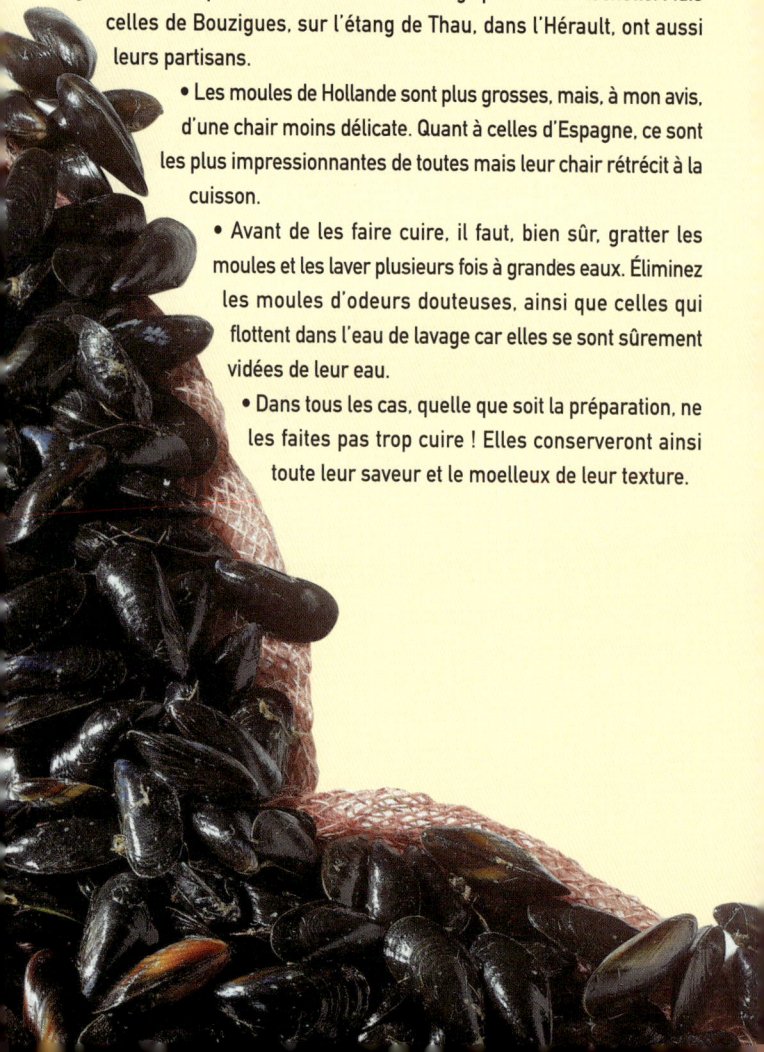

► Le tour de main de Robuchon

Ma salade de moules

Voici une salade de moules pleine de fraîcheur et simple à réaliser.

Pour 4 personnes :

1 l de moules (bouchots) • 1 gousse d'ail • 10 cl de vin blanc sec • 2 cuil. à soupe de mayonnaise • 1 jus de citron • Tabasco • 1 bouquet de ciboulette • poivre

• Lavez et grattez les moules. Pelez et hachez très finement la gousse d'ail. Mettez les moules dans une cocotte avec la gousse d'ail, mouillez avec le vin blanc et poivrez. Couvrez et faites cuire à feu vif. Dès que les moules s'ouvrent, retirez-les du feu.

• Égouttez-les dans une passoire pour récupérer le jus que vous filtrez et mettez en réserve. Puis ôtez la coquille supérieure de chaque moule et gardez le mollusque dans l'autre demi-coquille.

• Dans un saladier, mettez la mayonnaise (de préférence faite avec de l'huile de pépins de raisin qui ne fige pas). Ajoutez quelques gouttes de jus de citron, 1 trait de Tabasco, puis peu à peu du jus de moules, pour obtenir une sauce onctueuse.

• Nappez chaque moule de sauce, puis parsemez-les de ciboulette ciselée. Mettez le plat au réfrigérateur quelques heures avant de servir.

Servez ces moules bien froides et régalez-vous.

Risotto aux moules

Pour 2 personnes

1/2 litre de moules de bouchot • 240 g de riz rond • 2 gousses d'ail • 60 g de beurre • 10 cl d'huile d'olive • 2 échalotes •1 petit bouquet de persil plat • 35 cl de vin blanc sec • 1 pincée de piment de Cayenne • sel et poivre

① Grattez les moules et lavez-les. Pelez et hachez finement les gousses d'ail.

② Dans une grande cocotte, faites suer, sans coloration, l'ail dans 30 g de beurre et 6 cl d'huile d'olive, sur feu doux pendant 2 minutes environ. Ajoutez ensuite une pointe de piment de Cayenne et mélangez. Ensuite, versez les moules, 25 cl de vin blanc sec et 1/2 litre d'eau. Couvrez, portez à ébullition et laissez cuire jusqu'à ce que les moules s'ouvrent (comptez 2 minutes environ).

③ Quand les moules sont cuites, décortiquez-les sans conserver les coquilles, filtrez le jus de cuisson et réservez-le au chaud.

④ Pelez et hachez finement les échalotes. Dans une cocotte, faites-les suer, sans coloration, sur feu doux avec 4 cl d'huile d'olive. Lorsqu'elles sont translucides, ajoutez le riz rond (non lavé surtout), enrobez-le de l'huile d'olive et faites-le cuire sur feu doux tout en le mélangeant bien avec une spatule tout au long de la cuisson. Quand les grains commencent à s'attacher les uns aux autres, versez le vin blanc restant et faites-le réduire pratiquement à sec. Incorporez ensuite le jus de cuisson des moules. Versez-le louche par louche ; au fur et à mesure qu'il est absorbé, ajoutez une louche jusqu'à ce que le riz soit presque cuit (comptez 15 à 20 minutes de cuisson). Tout le jus de cuisson des moules ne sera pas forcément utilisé. Le risotto doit être bien crémeux.

⑤ Quand le riz est presque cuit, vérifiez l'assaisonnement en sel, ajoutez les moules décortiquées et 30 g de beurre froid coupé en petits morceaux. Liez bien le beurre avec le riz, sur feu doux ; incorporez une dernière louche de jus de cuisson des moules, 2 bonnes cuillerées à soupe de persil plat haché et mélangez bien. Servez chaud, arrosé d'un filet d'huile d'olive.

Moules cuites au four, chapelure aux herbes

Pour 2 personnes

12 moules d'Espagne • 1 gousse d'ail • 1 cuil. à soupe d'huile d'olive • 15 g de beurre • 45 g de chapelure • 1 petit bouquet de persil plat • 1 petit bouquet de menthe • 1 petit bouquet d'origan • 2 cuil. à soupe de parmesan • 2 pointes de couteau de paprika • sel et poivre

① Pelez et hachez la gousse d'ail très finement. Sur feu doux, faites-la suer sans coloration dans l'huile d'olive et le beurre pendant 2 minutes environ. Incorporez ensuite la chapelure et faites-la colorer légèrement sur feu un peu plus vif, puis réservez-la dans un saladier et laissez-la refroidir.

② Préchauffez le four à 200 °C (thermostat 6). Lavez les herbes et hachez-les. Râpez le parmesan très fin.

③ Lorsque la chapelure est froide, ajoutez-y 1 bonne cuillerée à café de chaque herbe, 2 bonnes cuillerées à soupe de parmesan et 2 pointes de couteau de paprika. Mélangez le tout et rectifiez l'assaisonnement.

④ Grattez et lavez les moules. Ouvrez-les à cru, retirez la première coquille et conservez le mollusque dans l'autre. Disposez les moules sur un plat de service allant au four en les faisant tenir sur un lit de gros sel.

⑤ Recouvrez chaque moule d'1 petite cuillerée à café de la chapelure aux herbes. Glissez-les au four pendant 7 minutes. Servez ces moules chaudes, en entrée, avec un filet de citron.

Soupe toscane de moules aux haricots blancs

Pour 4 personnes

24 moules d'Espagne • 100 g de haricots blancs cuits avec leur eau de cuisson • 3 gousses d'ail • 2 cuil. à soupe d'huile d'olive • 40 g de beurre • 1 feuille de laurier • 3 pointes de couteau de piment de Cayenne • 30 cl de vin blanc sec • 1 tomate • 1 bouquet de persil plat • 2 petites tranches de pain de campagne rassis • sel et poivre

① Grattez les moules et lavez-les. Pelez et hachez finement 2 gousses d'ail. Dans une grande casserole, faites chauffer sur feu moyen dans l'huile d'olive et le beurre, sans coloration, les 2 gousses d'ail et la feuille de laurier.

② Puis ajoutez les moules, 3 pointes de couteau de piment de Cayenne et le vin blanc, couvrez et faites cuire 3 à 4 minutes. Dès que les moules s'ouvrent, hors du feu, retirez-les de la casserole avec une écumoire, conservez-en 6 en coquille et décortiquez les autres.

③ Plongez la tomate quelques secondes dans l'eau bouillante, pelez-la et coupez-la en dés. Faites réduire de moitié le jus de cuisson des moules. Puis retirez la feuille de laurier, ajoutez les haricots blancs avec 3 à 4 cuillerées à soupe de leur eau de cuisson, la tomate, poivrez et mélangez.

④ Ajoutez les moules décortiquées et les 6 autres dans leur coquille, 2 grosses cuillerées à soupe de persil plat haché. Lorsque les moules sont bien chaudes, retirez du feu. Faites toaster les tranches de pain de campagne, frottez-les de chaque côté avec la dernière gousse d'ail, disposez-les dans un plat de service creux, versez la soupe toscane dessus et servez.

Farfalle aux moules et aux courgettes

Pour 2 personnes

1/2 litre de moules de bouchot • 75 g de farfalle • 1 gousse d'ail • 1 pointe de piment de Cayenne • 6 cl d'huile d'olive • 10 cl de vin blanc sec • 1/2 courgette • 1 tomate • 15 g de beurre • sel et poivre

① Grattez et lavez les moules. Pelez et hachez finement la gousse d'ail. Faites-la suer sur feu doux dans une grande cocotte, avec 1 pointe de piment de Cayenne dans 2 cuillerées à soupe d'huile d'olive, tout en mélangeant bien, pendant 2 minutes environ.

② Quand l'ail a sué, versez les moules, le vin blanc sec et 5 cl d'eau, couvrez et portez à ébullition jusqu'à ce que les moules s'ouvrent. Dès que les moules s'ouvrent, elles sont cuites ; retirez-les de la cocotte, égouttez-les et décortiquez-les. Portez leur jus de cuisson à ébullition et laissez-le réduire de moitié, puis réservez-le.

③ Plongez les farfalle dans une grande quantité d'eau bouillante salée (10 g de sel au litre), faites-les cuire pendant 7 minutes à ébullition, en les mélangeant fréquemment pour éviter qu'elles ne collent. Lorsque les pâtes sont cuites « al dente », égouttez-les et conservez 2 à 3 louches d'eau de cuisson.

④ Lavez la demi-courgette, ne la pelez pas, fendez-la en 2 dans la longueur et émincez-la. Plongez la tomate quelques secondes dans de l'eau bouillante, pelez-la et coupez-la en dés.

⑤ Quand le jus de cuisson des moules a réduit de moitié, plongez les tranches de courgette dans le jus à ébullition et laissez-les cuire 1 minute. Ajoutez ensuite les farfalle, non rincées, 2 louches d'eau de cuisson des pâtes, les moules décortiquées, les dés de tomate et le beurre et mélangez bien. Vérifiez l'assaisonnement en sel et poivre, mélangez et laissez réduire légèrement le jus de cuisson en faisant attention que les pâtes n'attachent pas.

⑥ Quand les pâtes sont bien chaudes, dressez-les dans un plat de service et arrosez-les d'un filet d'huile d'olive avant de les servir.

Christian Constant

A près avoir triomphé durant quelque dix ans au *Crillon*, Christian Constant a ouvert son propre restaurant à Paris, *Le Violon d'Ingres*, une allusion à ses origines montalbanaises qu'il partage avec le célèbre peintre ainsi, d'ailleurs, que l'amour du violon. Sous ce double patronage, musical et pictural, il régale le Tout-Paris pour des additions angéliques. Ce chef hors pair maîtrise son art comme un grand virtuose et sait jouer des saveurs avec maestria et subtilité. Il était tout indiqué pour cuisiner la lotte.

La lotte

• Au hit-parade des poissons les plus laids, la lotte décrocherait sûrement une des premières places. C'est pour cette raison qu'elle est toujours vendue sans sa tête, sous le nom de « queue de lotte ».

• Une fois dépouillée de sa peau, les déchets sont peu abondants et, à l'exception du cartilage central, les arêtes sont inexistantes.

• Pour s'assurer qu'une lotte est bien fraîche, vérifiez que les filets sont bombés, trapus, luisants et non rétractés et qu'ils ne laissent pas apparaître l'épine dorsale plus que nécessaire.

• La chair fine et délicate de la lotte se cuisine aussi facilement que la viande et se prête à une multitude de préparations, aussi variées que délicieuses. Martial Hocquart nous propose, lui aussi, ses recettes de lotte (voir pages 85 à 92).

▶ Le tour de main de Robuchon

Ma lotte en croûte de sel

Voici une délicieuse recette de lotte, spectaculaire par sa simplicité. Comme toujours, la réussite de ce plat tient à l'extrême fraîcheur de la lotte.

Pour 6 personnes :

1,5 kg de lotte • 2 kg de gros sel • 500 g de sel fin • huile d'olive • poivre

• Préchauffez le four à 240 °C (thermostat 8). Lavez soigneusement la queue de lotte.

• Mélangez le gros sel avec le sel fin. Étalez sur la plaque du four une épaisseur de gros sel de 2 à 3 cm environ.

• Posez la lotte dessus, puis recouvrez-la entièrement d'une couche de sel. Elle doit être entièrement enfouie. Aspergez le dessus de quelques gouttelettes d'eau. Enfournez et laissez cuire pendant 45 minutes.

• La cuisson terminée, retirez du four et, devant vos invités, brisez la croûte de sel qui recouvre le poisson. Une fois le poisson bien dégagé, supprimez la peau et levez les filets. Poivrez les filets et arrosez-les d'un filet d'huile d'olive.

Cuite ainsi, avec la peau et l'arête, la chair de la lotte est surprenante de consistance et de saveurs.

Fricassée de lotte aux champignons

Pour 3 personnes

300 g de lotte • 150 g de champignons de Paris boutons • 3 oignons nouveaux • 3 cuil. à soupe d'huile d'olive • 20 g de beurre • 10 cl de vin blanc • 20 cl de crème fraîche liquide • 1 bottillon de persil plat • sel et poivre

1 cocotte allant au four

① Lavez les champignons, retirez les bouts terreux, émincez-les en 2 ou 3 morceaux, pas trop finement. Pelez et hachez finement les oignons. Versez 2 cuillerées à soupe d'huile d'olive dans une cocotte allant au four ; lorsque l'huile est chaude, ajoutez le beurre et laissez-le fondre. Faites-y suer les oignons, sans coloration, pendant 2 minutes. Ajoutez ensuite les champignons émincés, en les enrobant bien de la matière grasse, laissez-les cuire 5 minutes environ sans coloration, puis assaisonnez-les, mélangez et laissez-les sur feu éteint.

② Préchauffez le four à 200 °C (thermostat 6). Escalopez la lotte en 6 tranches (comptez-en 2 par personne) et assaisonnez-les de chaque côté. Faites chauffer 1 cuillerée à soupe d'huile d'olive dans une poêle. Quand l'huile est chaude, faites saisir les tranches de lotte 2 minutes de chaque côté, puis disposez-les sur les champignons et glissez la cocotte au four pendant 5 à 6 minutes. Disposez ensuite les morceaux de lotte sur un plat de service et recouvrez-les d'une feuille d'aluminium afin de les maintenir chauds.

③ Faites réduire le jus de cuisson presque à sec, tout en mélangeant bien. Puis déglacez avec le vin blanc et laissez réduire à nouveau pratiquement à sec sur feu vif pendant 3 minutes environ toujours en mélangeant bien.

④ Versez ensuite la crème fraîche sur feu réduit de moitié, laissez réduire 2 minutes, salez et poivrez. Lorsque les bulles de crème deviennent plus petites, la cuisson est terminée, ajoutez 1 cuillerée à soupe de persil plat ciselé.

⑤ Nappez les morceaux de lotte de cette crème champignon et servez.

Cette recette peut aussi se faire avec des morilles.

Brochettes de lotte panées au lard fumé

Pour 3 personnes

400 g de filet de lotte • 2 tranches de poitrine fumée (de 2 à 3 mm d'épaisseur) • 150 g de mayonnaise • 60 g de câpres • 60 g de cornichons • 1 oignon • 1 bottillon de persil plat • 125 g de mie de pain • 2 cuil. à soupe d'huile d'arachide • 25 g de beurre • sel et poivre

3 pics à brochette

① Coupez la lotte en 12 carrés de même grosseur et les tranches de poitrine fumée en 9 carrés, à peu près de la même taille que ceux de la lotte.

② Montez les brochettes : comptez 4 morceaux de lotte et 3 morceaux de lard par brochette. Intercalez les morceaux de lotte et de lard en commençant et finissant par un morceau de lotte.

③ Hachez grossièrement les câpres. Hachez finement les cornichons. Pelez et hachez l'oignon. Lavez et concassez le persil plat. Mélangez au fouet, dans un saladier, la mayonnaise avec les câpres, les cornichons, l'oignon et 2 cuillerées à soupe de persil plat. Rectifiez l'assaisonnement si nécessaire.

④ Assaisonnez les brochettes légèrement de sel car la poitrine fumée apporte du sel, et poivrez. Mettez la mie de pain dans un plat, roulez les brochettes dedans.

⑤ Faites chauffer l'huile dans une poêle avec le beurre. Lorsque le beurre arrive à une jolie couleur blonde, déposez les brochettes et faites-les dorer doucement de chaque côté pendant 2 minutes environ (4 minutes en tout).

⑥ Dressez les brochettes dans un plat et servez avec la sauce à part.

Filet de lotte en croûte d'herbes

Pour 2 personnes

1 filet de lotte de 400 g • 1 bottillon de cerfeuil • 1 bottillon d'aneth • 1 bottilllon d'estragon • 200 g de crépine de porc • 1 bonne cuil. à soupe d'huile d'olive • 1 citron • 10 cl de crème fraîche liquide • 50 g de beurre • sel et poivre

1 mixeur • 1 chinois

① Assaisonnez le filet de lotte sur toutes les faces. Lavez et essorez les herbes.

② Lavez la crépine dans l'eau et étendez-la sur un film ou un torchon pour éviter qu'elle ne colle. Parsemez la crépine, à l'endroit où vous poserez le filet de lotte, de 2 à 3 cuillerées à soupe de feuilles de chaque herbe aromatique. Disposez le filet de lotte dessus et enroulez-le de la crépine. Fermez les extrémités de la crépine en les roulant, puis rabattez les bords dessous. Si la crépine est trop longue, coupez un peu des bords avant de les rabattre.

③ Faites chauffer dans un poêlon 1 bonne cuillerée à soupe d'huile d'olive. Quand l'huile est chaude, disposez le filet de lotte, faites-le saisir quelques instants, puis faites-le cuire sur feu doux pendant 8 minutes, tout en l'arrosant fréquemment en cours de cuisson. Après 8 minutes de cuisson, débarrassez le filet de lotte sur une grille et recouvrez-le d'une feuille d'aluminium.

④ Pressez le citron. Dégraissez le poêlon qui a servi à la cuisson du filet de lotte, ajoutez le jus de citron, portez à ébullition pendant 30 secondes et, à l'aide d'un fouet, grattez les sucs. Puis versez délicatement la crème fraîche, donnez une ébullition, puis incorporez le beurre petit à petit. Donnez à nouveau un bouillon, baissez le feu, salez, poivrez et mélangez. Mixez cette crème, puis passez-la au chinois.

⑤ Nappez le fond d'un plat de sauce, disposez délicatement le filet de lotte et recouvrez de la sauce par-dessus.

Poêlée de lotte et endives au parfum d'orange et coriandre

Pour 3 personnes

400 g de lotte • 4 endives • 30 g de sucre • 3 oranges • 120 g de beurre • 2 cuil. à soupe d'huile d'olive • 1/2 cuil. à café de coriandre concassée • 1/2 cuil. à café de poivre concassé • 1 bottillon d'aneth • sel et poivre

1 cocotte et son couvercle allant au four

① Effeuillez et lavez les endives, parsemez-les du sucre et d'1 pincée de sel, mélangez et laissez reposer 2 minutes. Pressez les oranges et réservez le jus. Préchauffez le four à 200 °C (thermostat 6).

② Dans une cocotte assez large, faites fondre 100 g de beurre ; lorsqu'il est d'une couleur noisette, ajoutez les endives avec le sucre, disposez-les dans la cocotte, enrobez-les du beurre pendant 2 minutes, puis laissez-les saisir pendant 2 minutes. Versez 1/3 du jus d'orange, portez à ébullition, couvrez, enfournez et faites cuire 30 minutes.

③ Au bout de 30 minutes de cuisson, si les endives sont translucides, elles sont cuites. Dressez-les sur un plat de service et maintenez-les chaudes en les couvrant d'une feuille d'aluminium.

④ Coupez la lotte en 8 morceaux, assaisonnez-les de sel et de poivre de chaque côté. Faites chauffer l'huile d'olive dans un poêlon ; quand l'huile commence à fumer, posez les morceaux de lotte et faites-les légèrement dorer pendant 2 minutes de chaque côté. Réservez-les sur une grille et recouvrez-les d'une feuille d'aluminium.

⑤ Ajoutez dans le poêlon qui a servi à la cuisson de la lotte, sur feu plus doux, la coriandre et les grains de poivre concassés, grattez les sucs et déglacez avec le reste de jus d'orange. Sur feu plus fort, faites réduire de 2/3. Montez la sauce avec le beurre restant sur feu très doux et vérifiez l'assaisonnement.

⑥ Disposez les endives harmonieusement dans un plat, dressez les médaillons de lotte dessus, nappez de la sauce, parsemez de quelques pluches d'aneth et servez.

Édouard Carlier

«Le Beauvilliers»
(Paris, XVIIIᵉ)

É douard Carlier est un authentique amphitryon. Son restaurant *Le Beauvilliers*, au pied de la butte Montmartre, possède l'un des plus beaux décors de Paris et le bon Édouard sait ordonnancer un bouquet de fleurs comme personne. Mais là n'est pas son unique talent, bien sûr ! Figure parisienne irremplaçable, c'est aussi un chef à la fois simple et fastueux. Chez lui, si l'œuf est à la coque, il s'accommode au caviar. Quant à la timbale de macaroni, elle s'accompagne de foie gras. On peut aussi rêver à la pastilla de pintade fermière aux épices ou à la banane caramélisée à la noix de coco et au rhum. Sous sa houlette, les produits les plus courants deviennent magiques.

Le concombre

• Ce modeste cucurbitacée a une origine fort exotique puisqu'il pousse depuis des éternités au pied de l'Himalaya. Ainsi en mangeait-on déjà aux Indes il y a plus de 3 000 ans ! Après avoir fait les délices des Égyptiens, des Hébreux, des Grecs et des Romains, il est arrivé en France au temps de Charlemagne.

• La saison du concombre va de fin mars à mi-octobre. Il se cultive dans tout l'Hexagone.

• Préférez toujours un concombre pas trop gros car il aura peu de pépins. Sa peau doit être bien tendue et sa couleur brillante.

• Il se consomme indifféremment cru ou cuit. Peu calorique, peu nourrissant, ne contenant ni gras, ni sucre, il est cependant difficile à digérer.

• Si vous prenez la peine de le faire dégorger au sel pour les préparations crues, ou de le faire blanchir quelques secondes dans de l'eau bouillante, pour les préparations cuites, il sera plus digeste mais perdra de sa saveur.

• Quant à son amertume, c'est de l'histoire ancienne.

► Le tour de main de Robuchon

Ma salade de concombre

Cru, le concombre est un excellent hors-d'œuvre.
Sa chair tonique désaltère dès les premiers beaux jours. Comme vous le confirmera cette savoureuse salade de concombre.

Pour 2 personnes :

1 concombre • 2 cuil. à soupe de crème fraîche • 2 cuil. à soupe de yaourt nature au lait entier • 1 cuil. à soupe de curry • sel et poivre

• Pelez le concombre, fendez-le en 2 dans la longueur, retirez les pépins à l'aide d'une cuillère à soupe et émincez-le finement. Saupoudrez légèrement de sel et mélangez bien. Ajoutez par-dessus quelques glaçons et mettez-le au réfrigérateur pendant 1 heure. Ainsi, la pulpe se raffermira tout en rendant son eau.

• Pour les amateurs de croquant, ne faites pas dégorger le concombre car sa chair légèrement fruitée aura alors une texture proche de celle de la pastèque.

• Préparez la sauce : mélangez la crème fraîche avec le yaourt, ajoutez le curry et salez. Mélangez et goûtez pour rectifier l'assaisonnement si nécessaire.

• Égouttez le concombre mis à dégorger. Jetez l'eau rendue ainsi que les glaçons. Mélangez le concombre avec la sauce et servez. Cette préparation doit se faire juste au moment de servir, sinon le concombre continue à rendre de l'eau.

Rosace de concombre au fromage de chèvre

Pour 4 personnes

1 concombre • 1 fromage de chèvre (sainte-maure blanc) • 1 à 2 cuil. à soupe de vinaigre blanc • 1 cuil. à soupe de vinaigre de vin • 3 cuil. à soupe d'huile de noix • 1 bottillon de persil plat • 4 radis • sel et poivre

① Lavez le concombre et coupez-le, non pelé, en tranches de 8 mm à 1 cm. Comptez 16 tranches pour cette recette. Mettez ces tranches dans un récipient, salez-les, versez 1 à 2 cuillerées à soupe de vinaigre blanc, mélangez et entreposez 1 heure au réfrigérateur.

② Préchauffez le four à 160-180 °C (thermostat 4-5).

③ Préparez la vinaigrette : mélangez 1 bonne cuillère à soupe de vinaigre de vin avec du sel et du poivre, incorporez l'huile de noix, puis ajoutez 1 cuillerée à soupe de persil plat haché.

④ Égouttez le concombre. Coupez le fromage de chèvre en 8 tranches d'1 cm environ, disposez les tranches sur la plaque du four et glissez au four pendant 3 à 4 minutes.

⑤ Retirez les feuilles et lavez les radis. Coupez-les en julienne. Disposez harmonieusement 8 tranches de concombre en cercle, posez les 8 tranches de chèvre chaud par-dessus puis recouvrez des 8 tranches restantes de concombre. Dressez la julienne de radis au centre du cercle, assaisonnez de la vinaigrette et servez tiède, le fromage encore fondu, en entrée.

Billes de concombre
en aumônière de mortadelle

Pour 4 personnes

2 concombres • 50 g de beurre • 1 petit verre de
xérès • 4 radis • 4 tranches de mortadelle • 4 à
5 brins de ciboulette • sel et poivre

① Pelez les concombres. Avec un moule à pomme (cuillère qui permet
de faire des boules de légumes ou de fruits), faites 24 billes de
concombre, en enfonçant la cuillère pour avoir des sphères complètes.
② Faites fondre 40 g de beurre dans un poêlon, ajoutez les billes de
concombre et faites-les colorer pendant 5 minutes tout en les remuant.
Puis salez-les et poivrez-les, déglacez la poêle avec un petit verre de
xérès, retirez les billes de la poêle, posez-les sur une assiette de façon
à les égoutter. Réservez le jus de cuisson sur feu éteint.
③ Dressez les aumônières : disposez au centre d'une tranche de mortadelle 6 billes de concombre et arrosez les billes de quelques gouttes
de jus de cuisson. Fermez l'aumônière en rabattant les bords de la
tranche vers le centre, liez-les avec un brin de ciboulette en faisant un
double nœud et coupez le surplus. Faites les 3 autres aumônières de la
même façon. Servez en entrée.

Tronçons de concombre
farcis d'œufs de saumon

Pour 4 personnes

1 concombre • 200 g d'œufs de saumon • 1 botte
de cresson • 1 citron jaune • 1 citron vert • 3 cuil.
à soupe d'huile d'olive • 2 cuil. à soupe de vodka
• 2 cuil. à soupe de crème fraîche liquide • sel et
poivre

① Lavez le concombre, essuyez-le bien, éliminez les extrémités et
cannelez-le. Coupez le concombre en 2 parties égales. Puis coupez ces
2 parties à nouveau en 2, mais en biseau.

② Évidez, à l'aide d'une cuillère à pomme, les morceaux de concombre pour pouvoir les farcir et laisser environ 5 mm de chair tout autour. Commencez par le côté biseauté car il faut laisser un peu de chair de l'autre côté, les concombres étant dressés droit, cela permet d'avoir un fond pour retenir les œufs de saumon.

③ Faites blanchir les morceaux de concombre : plongez-les dans de l'eau bouillante salée et laissez-les 2 minutes à ébullition. Rafraîchissez-les dans de l'eau glacée et égouttez-les dès qu'ils sont froids.

④ Pressez les citrons. Versez leur jus dans un récipient, ajoutez l'huile d'olive et la vodka. Salez, poivrez, émulsionnez au fouet et réservez.

⑤ Mélangez délicatement, pour ne pas casser les œufs, la crème fraîche avec les œufs de saumon. Garnissez les morceaux de concombre de ce mélange. Lavez et essorez la botte de cresson. Disposez les morceaux de concombre droit à la verticale dans un plat, parsemez de cresson au milieu et autour des tronçons, assaisonnez le tout de la vinaigrette et servez.

Tempura de concombres au gros sel

Pour 4 personnes

4 petits concombres • 2 jaunes d'œufs • 150 g de farine à tempura • 1 bottillon de cerfeuil • gros sel de Guérande • poivre

1 mandoline (coupe-légumes à 2 lames) • 1 friteuse

① Lavez les concombres et retirez les extrémités. À l'aide d'une mandoline, émincez les concombres non épluchés dans la longueur, en lamelles de 2 à 3 mm. Ne conservez pas la première et dernière tranche qui ne sont que de la peau.

② Mélangez au fouet la farine avec les jaunes d'œufs, incorporez petit à petit 15 cl d'eau et réservez la tempura.

③ Préchauffez une friture (de préférence à l'huile d'arachide) à 180 °C.

④ Panez les lamelles de concombre dans la pâte à tempura, puis plongez-les dans la friteuse. Quand elles sont bien gonflées et légèrement dorées, retirez-les et égouttez-les sur papier absorbant et salez-les avec du sel de Guérande.

⑤ Lavez et essorez le cerfeuil. Dressez les concombres dans un plat et décorez-les avec quelques pluches de cerfeuil.

Accompagnez ces beignets de concombre avec du saumon fumé, c'est délicieux.

Antoine Westermann

« Buerehiesel »
(Strasbourg, Bas-Rhin)

Le *Buerehiesel* est un des restaurants les plus réputés du monde. Et, à Strasbourg, une raison supplémentaire et savoureuse pour se faire élire député au Conseil de l'Europe ! Car Antoine Westermann, merveilleux cuisinier, est parvenu à réaliser au *Buerehiesel* un harmonieux équilibre entre le respect de la tradition les innovations culinaires les plus modernes. Sans trahir l'esprit d'une gastronomie régionale – sublimes *schnieders-paetle* ! – il joue avec virtuosité et imagination de toutes les possibilités offertes par la grande cuisine française. C'est ce que vous allez pouvoir découvrir avec ses recettes pour préparer le bœuf.

Le bœuf

• Le bœuf, depuis les temps les plus reculés, a toujours été un symbole d'abondance et de bonne chère. Ainsi, jadis, le défilé du « bœuf gras », à l'époque du carnaval – une tradition qui remontait à l'Égypte ancienne – symbolisait le retour du printemps et des forces vitales. En France, dès le Moyen Âge, la viande de bœuf faisait partie des festins, participant par la succulence de sa chair au plaisir de la fête. Un bonheur gastronomique que je connais bien car, je dois l'avouer, le bœuf, moi aussi, j'en raffole !

• Cependant, il faut savoir le choisir. Mes bêtes préférées sont la Normande et la Parthenaise, mais, bien sûr, je ne dédaigne pas la Salers, la Chalosse et la Limousine.

• À l'achat, choisissez une viande bien rassise, gage de tendreté et de goût. En effet, le bœuf a besoin de deux à trois semaines de maturation après l'abattage pour exprimer toutes ses qualités.

• Sa couleur doit être vive, persillée avec une graisse blanche ou légèrement jaune.

• Mais n'oubliez pas qu'une viande très tendre n'est pas forcément la meilleure et que les amateurs préfèrent souvent les morceaux au goût un peu rustique à ceux, peut-être plus fondants mais plus fades.

▶ Le tour de main de Robuchon

Mon rôti de bœuf

Voici les secrets pour réussir un rôti de bœuf tendre à souhait.

• Il faut toujours sortir la viande du réfrigérateur au moins 1 à 2 heures avant de l'enfourner. Mise à température ambiante dans le four, elle va cuire plus régulièrement.

• Choisissez un rôti de bœuf sans barde, mais, si possible, avec quelques parures que vous aura données votre boucher et qui donneront un jus goûteux.

• Préchauffez le four à 220-240 °C (thermostat 7-8).

• N'assaisonnez pas votre viande à l'avance, mais juste avant de la mettre dans le four. Le mieux est de l'assaisonner quand elle commence à colorer. Parsemez le dessus du rôti de quelques noix de beurre. Mettez la viande dans le four.

• Lorsqu'elle commence à colorer, si vous ne l'avez déjà fait, c'est le moment de l'assaisonner sur toutes les faces, avec du gros sel et du poivre du moulin. Remettez au four et retournez la viande 1 à 2 fois, surtout sans la piquer avec une fourchette, pour ne pas laisser s'échapper le sang.

• Le temps de cuisson est fonction du poids, de la forme et de la qualité de la viande. En règle générale, 10 à 13 minutes par livre constituent une bonne moyenne pour obtenir une viande à point.

• Quand la viande est à la cuisson désirée, surtout, ne la servez pas tout de suite. D'abord, assaisonnez-la de nouveau de sel fin et de poivre du moulin. Puis laissez le rôti reposer 15 à 20 minutes sur une assiette retournée. Cela permet au sang de se répandre équitablement dans tout le morceau ; sa tendreté en dépend.

• Pendant ce temps, préparez votre jus en déglaçant le plat à rôtir. Au moment de servir, vous pouvez repasser 3 à 4 minutes votre rôti dans le four avant de le trancher. La cuisson sera alors d'une couleur uniforme et la viande tendre.

Tournedos au poivre et au beurre d'escargot

Pour 2 personnes

2 tournedos de 200 g • 70 g de beurre • 1 petit bouquet de persil plat • 1 échalote • 2 gousses d'ail • 1 pincée de noix de muscade • 1 cuil. à café de pastis • 1 cuil. à café de poivre mignonnette • 2 cuil. à soupe d'huile d'arachide • sel et poivre

① Lavez et ciselez le persil. Pelez et hachez finement l'échalote et les gousses d'ail. Mélangez 50 g de beurre pommade avec du sel, 1 cuillerée à soupe de persil plat, l'ail, l'échalote, 1 pincée de noix de muscade, 1 cuillerée à café de pastis, poivrez généreusement, mélangez et entreposez le beurre d'escargot au réfrigérateur.

② Assaisonnez les tournedos de sel et de poivre mignonnette de chaque côté, tapotez-les avec les doigts pour que le poivre adhère.

③ Faites chauffer l'huile d'arachide dans une cocotte, disposez les tournedos, faites-les saisir de chaque côté, jusqu'à ce qu'ils soient dorés. Déposez-les sur une grille. Retirez le gras de la cocotte, ajoutez les 20 g de beurre restant, remettez les tournedos et finissez leur cuisson selon votre goût. Débarrassez-les sur une grille.

④ Laissez colorer le beurre de cuisson, déglacez avec 2 cuillerées à soupe d'eau froide et une pincée de sel à feu très doux et laissez cuire 2 à 3 minutes.

⑤ Sortez le beurre d'escargot du réfrigérateur. Dressez les tournedos dans un plat, nappez-les de la sauce, posez une cuillerée à soupe de beurre d'escargot dessus et servez.

Tartines de salade de pot-au-feu

Pour 2 à 4 personnes

200 g de paleron de bœuf bouilli • 1 quartier de céleri-rave cuit • 1 carotte cuite • 1 poireau cuit • 1 oignon nouveau moyen • 4 cornichons • 1 œuf dur • 2 radis roses • 1 bottillon de persil plat • 4 tranches de pain de campagne grillées • 40 g de beurre • fleur de sel et poivre

Pour la vinaigrette
1 cuil. à café de moutarde • 4 cuil. à soupe de vinaigre de vin rouge • 4 cuil. à soupe d'huile d'arachide • sel et poivre

① Faites la vinaigrette : dans un saladier, mélangez au fouet la moutarde avec le vinaigre, du sel et du poivre, puis incorporez l'huile d'arachide. Réservez.

② Le paleron, le céleri, la carotte et le poireau sont déjà cuits, coupez tous ces ingrédients en dés d'1 cm environ et mettez le tout dans la vinaigrette.

③ Pelez et hachez l'oignon. Coupez les cornichons en petits morceaux. Coupez l'œuf dur en dés d'1 cm. Ajoutez le tout dans le saladier, mélangez délicatement et laissez reposer au moins 2 heures au réfrigérateur. Vous pouvez même préparer le mélange jusqu'à 12 heures à l'avance. Vérifiez l'assaisonnement à la sortie du réfrigérateur.

④ Lavez et coupez les radis en julienne. Lavez et concassez le persil. Beurrez les tranches de pain de campagne grillées.

⑤ Répartissez la valeur de 2 bonnes cuillerées à soupe de la salade de pot-au-feu sur chaque tranche de pain de campagne. Parsemez-les de la julienne de radis, de persil plat, d'un peu de fleur de sel et d'un tour de moulin à poivre. Servez.

Paleron de bœuf et pieds de cochon en daube aux légumes confits

Pour 6 personnes

900 g de paleron de bœuf • 1 queue de cochon • 1 pied de porc • 3 carottes • 3 poireaux • 6 navets • 6 gousses d'ail • 6 échalotes • 6 pommes de terre • 1 cuil. à café de coriandre moulue • 1 brindille de thym • 1 feuille de laurier • 1 clou de girofle • 15 cl de riesling • 750 g de farine • sel et poivre

1 batteur • 1 grande cocotte et son couvercle allant au four

① Faites la pâte à luter : dans un batteur, mélangez la farine avec 30 cl d'eau et 5 g de sel. La pâte doit être bien homogène. Vous pouvez ajouter de l'eau si nécessaire. Dès que la pâte se met en boule, retirez-la du batteur et rassemblez-la, à la main, en une boule et réservez-la. Faites cette pâte la veille ou quelques heures à l'avance : plus elle sera reposée, plus elle sera facile à étendre.

② Coupez le paleron en 10 morceaux ; la queue de cochon en 4 et le pied de porc en 6. Pelez les carottes et coupez-les en grosses rondelles de 2 cm environ. Épluchez et lavez les poireaux, coupez-les en tronçons de 4 cm environ. Pelez les navets, les échalotes et les gousses d'ail. Pelez les pommes de terre, lavez-les et fendez-les en 2 dans la longueur. Salez, poivrez et parsemez de coriandre les légumes et les morceaux de viandes de chaque côté.

③ Préchauffez le four à 200 °C (thermostat 6).

④ Dressez les viandes et les légumes dans la cocotte : commencez par mettre les morceaux de pied de porc, 6 morceaux de paleron, puis les navets, la moitié des poireaux, les échalotes, les gousses d'ail et la moitié des pommes de terre. Ajoutez ensuite le reste du paleron, le reste de pommes de terre et de poireaux, les carottes, la brindille de thym, la feuille de laurier, le clou de girofle et, pour finir, les morceaux de queue de cochon. Mouillez avec le riesling et 15 cl d'eau et couvrez.

⑤ Lutez la cocotte : faites un rouleau de la pâte qui corresponde au tour de la cocotte, aplatissez le rouleau à la main ou avec un rouleau à pâtisserie. Disposez cette bande de pâte tout autour de la cocotte en la faisant bien adhérer, elle permettra à la cocotte d'être, pendant la cuisson, bien hermétique. Toutes ces opérations peuvent être faites la veille et, le jour même, effectuez uniquement la cuisson ; dans ce cas conservez la cocotte lutée au réfrigérateur.

⑥ Glissez la cocotte au four et laissez cuire pendant 3 heures. La cuisson terminée, cassez et retirez la pâte à luter et servez.

Joue de bœuf en civet

Pour 6 personnes

1 kg de morceaux de joue de bœuf • 1 carotte •
1 oignon • 1/4 de céleri-rave • 2 gousses d'ail •
1 clou de girofle • 3 baies de genièvre • 1 bouquet garni • 75 cl de vin rouge corsé • 8 cl d'huile d'olive • 1 cuil. à soupe de farine • 1/2 l de fond de veau • sel et poivre

1 chinois • 1 cocotte et son couvercle allant au four

① Pelez et coupez en dés la carotte, l'oignon, et le céleri. Pelez les gousses d'ail, coupez-les en 2 et dégermez-les.

② Dans un saladier, mettez les morceaux de joue de bœuf, le clou de girofle, les baies de genièvre, le bouquet garni, la carotte, le céleri, l'oignon et l'ail, versez le vin rouge corsé, recouvrez d'un film et laissez mariner au réfrigérateur de 12 à 24 heures.

③ Au bout de 12 à 24 heures, la marinade est faite, égouttez les morceaux de viande et la garniture séparément. Récupérez le vin de la marinade, portez-le à ébullition, retirez l'écume qui se forme en surface, puis passez-le au chinois et réservez-le.

④ Préchauffez le four à 200 °C (thermostat 6).

⑤ Assaisonnez de sel et de poivre les morceaux de viande de chaque côté. Faites chauffer 2 bonnes cuillerées à soupe d'huile d'olive dans une cocotte ; dès qu'elle est chaude, faites dorer les morceaux de viande sur toutes les faces, puis débarrassez-les sur une grille.

⑥ Ajoutez un filet d'huile d'olive dans la cocotte qui a servi à la cuisson de la viande, mettez les légumes de la marinade et faites-les colorer doucement, ajoutez ensuite la farine et laissez-la cuire sur feu doux pendant 1 minute. Puis ajoutez les morceaux de viande, mouillez avec le vin de la marinade et le fond de veau, portez à petite ébullition, couvrez et glissez au four pendant 2 heures 30.

⑦ Au bout de ce temps, retirez la cocotte du four, sortez les morceaux de viande sans la garniture avec une écumoire et disposez-les dans un plat de service. Passez la sauce, sans la fouler, versez-la sur les morceaux de viande et servez.

> Accompagnez de pâtes maison ou de purée de pommes de terre.

Bruno Turbot

« Le Clovis »
(Paris, VIII^c)

Bruno Turbot met les bouchées doubles pour devenir un tout grand de la cuisine, et croyez-moi ! c'est pour bientôt. Ce jeune chef a été à bonne école et l'expérience acquise dans quelques endroits prestigieux lui a donné un métier authentique et rigoureux. Tout ce qu'il faut pour lancer son imagination sur un terrain solide... Pour l'heure, il fait le bonheur des clients du *Clovis*, au Sofitel Étoile, à Paris, qu'il régale, entre autres, avec de malicieuses recettes à base d'artichaut, que nous allons découvrir cette semaine...

L'artichaut

• C'est le légume des gourmets, particulièrement fin et délectable entre début avril et fin novembre.

• On doit à Catherine de Médicis l'introduction en France de cette plante potagère originaire de Sicile.

• Longtemps on considéra l'artichaut comme un remède contre la mélancolie, voire comme un aphrodisiaque.

• Sur les marchés, vous trouverez d'abord les petits poivrades du Midi, puis les gros camus de Bretagne et l'excellent macau bordelais ; enfin les violets de la vallée du Rhône.

• Un bon artichaut doit être frais, lourd en main, d'une couleur franche, sans taches noirâtres et doté de feuilles cassantes bien serrées.

• Sachez qu'en salade il se marie à merveille avec le foie gras !

• La célèbre mère Brazier, fameux cordon-bleu du début du siècle, à Lyon, en avait fait le plat vedette de son « bouchon » (restaurant), toujours apprécié aujourd'hui.

► Le tour de main de Robuchon

Comment parer un artichaut à cru ?

À part les cuisiniers professionnels, on ignore en général comment parer un artichaut à cru, pour obtenir le fond sans feuille et sans foin. Ne retirez pas les feuilles d'artichaut après cuisson, car ce que la feuille emporte avec elle est autant de chair perdue.

• D'abord ne coupez jamais la queue, mais arrachez-la à la main pour enlever le plus possible de fibres ; le fond n'en sera que plus moelleux.

• Ensuite, avec un petit couteau, en inox de préférence, tournez le fond d'artichaut, c'est-à-dire dégagez le fond en pelant les feuilles tout autour, un peu à la manière d'une orange. Remontez ensuite jusqu'à 3 cm environ de la base, puis coupez les feuilles restantes aux 2/3 de la hauteur environ. Rectifiez la coupe en retirant la base des feuilles, pour faire apparaître le foin.

• Ensuite, avec la pointe d'une cuillère à soupe, dégagez entièrement le foin, en grattant bien. Citronnez aussitôt, à l'aide d'un demi-citron, afin que le fond ne noircisse pas. Puis plongez-le dans un récipient rempli d'eau froide citronnée, le temps de préparer les autres fonds.

• Vous pouvez alors les émincer pour les manger crus dans une salade, mais, le plus souvent, on les cuit pendant 15 à 20 minutes, dans de l'eau frémissante salée, citronnée et additionnée d'un filet d'huile d'olive.

• Vous obtenez alors des superbes fonds d'artichauts pour une préparation raffinée !

Fricassée d'artichauts violets aux poivrons doux, coriandre et vieux parmesan

Pour 2 personnes

6 artichauts violets • 1 oignon moyen • 3 bonnes cuil. à soupe d'huile d'olive • 1 petite cuil. à soupe de coriandre en grains • 10 cl de vin blanc sec • 10 cl de bouillon de volaille • 30 g de poivrons confits • 1/2 botte de coriandre fraîche • 1 bottillon de ciboulette • 30 g de parmesan • sel et poivre

① Pelez et hachez finement l'oignon. Faites chauffer 2 cuillerées à soupe d'huile d'olive dans un poêlon, faites-y suer l'oignon sans coloration pendant 2 à 3 minutes. Ajoutez ensuite la coriandre en grains, laissez cuire 2 minutes, puis déglacez avec le vin blanc, et portez à frémissements pendant 2 à 3 minutes.

② Retirez les feuilles des artichauts, laissez le foin. Faites chauffer 1 cuillerée à soupe d'huile d'olive dans un poêlon, ajoutez les artichauts, roulez-les dans l'huile chaude, salez, poivrez. Comptez environ 3 minutes de cuisson sur feu moyen.

③ Retirez les artichauts et disposez-les dans l'autre poêlon, en posant le côté avec le foin contre le fond. Versez le bouillon de volaille, portez à ébullition et comptez 10 minutes de cuisson.

④ Vérifiez la cuisson des artichauts en les piquant avec la pointe d'un couteau, qui doit s'enfoncer facilement. Ajoutez les poivrons coupés en bâtonnets, faites-les chauffer 3 minutes sur feu doux.

⑤ Lavez et ciselez la coriandre fraîche et la ciboulette. Râpez quelques copeaux de parmesan. Disposez les artichauts et les bâtonnets de poivron sur un plat de service, versez le jus de cuisson avec les graines de coriandre, parsemez d'1 cuillerée à soupe de feuilles de coriandre ciselée, des copeaux de parmesan et de bâtonnets de ciboulette. Servez ce plat tiède en entrée.

Salade d'artichauts aux aiguillettes de canette fumées et tomates confites

Pour 2 personnes

2 artichauts • 1 jus de citron • 2 cuil. à soupe d'huile d'olive • 100 g de haricots verts • 6 quartiers de tomates confites • 1/2 magret de canard fumé cuit • sel et poivre

Pour la vinaigrette
2 échalotes • 1 bottillon de ciboulette • 1 cuil. à soupe de vinaigre de vin rouge • 2 cuil. à soupe d'huile d'arachide • 1 cuil. à soupe d'huile de noisette • sel et poivre

① Retirez les feuilles et le foin des artichauts et faites tremper les cœurs dans de l'eau citronnée. Portez de l'eau à ébullition, ajoutez l'huile d'olive, du jus de citron et 1 pincée de sel. Plongez les cœurs d'artichauts et faites-les cuire, à découvert, pendant 15 à 20 minutes à ébullition. Vérifiez la cuisson en piquant avec la pointe d'un couteau, celle-ci doit s'enfoncer facilement. Égouttez les cœurs d'artichauts sur une grille et maintenez-les tièdes.

② Préparez la vinaigrette : pelez et hachez finement les échalotes. Lavez et ciselez la ciboulette. Mélangez avec un fouet dans un récipient le vinaigre de vin rouge avec du sel, du poivre, incorporez ensuite l'huile d'arachide et de noisette. Ajoutez les échalotes, 1 bonne cuillerée à soupe de ciboulette ciselée et mélangez.

③ Faites cuire les haricots verts : plongez-les dans de l'eau bouillante salée ; dès qu'ils sont « al dente », rafraîchissez-les dans de l'eau glacée et égouttez-les.

④ Coupez les fonds d'artichauts encore tièdes en 4. Mélangez-les délicatement, dans un saladier, avec les haricots verts, les tomates et 2 bonnes cuillerées à soupe de vinaigrette.

⑤ Après avoir retiré le gras et la peau, coupez le magret de canard en aiguillettes (tranches). Comptez 5 tranches par personne et assaisonnez-les de vinaigrette. Disposez-les harmonieusement sur la salade et servez.

Fonds d'artichauts à la chair de tourteau et paprika

Pour 4 personnes

12 petits artichauts poivrades • 200 g de chair de tourteau • 2 citrons jaunes • 5 cuil. à soupe d'huile d'olive • 1 cuil. à soupe de vinaigre de vin vieux • 100 g de mayonnaise • 1 cuil. à café de paprika • 1 bottillon de ciboulette • 1 cœur de céleri • 1 bottillon de cerfeuil • 1 bottillon de persil plat • sel et poivre

① Pressez les citrons. Retirez les feuilles des artichauts et le foin, faites tremper les fonds dans de l'eau citronnée.

② Portez de l'eau à ébullition, salez-la, versez la moitié du jus de citron et 2 cuillerées à soupe d'huile d'olive, plongez les artichauts et faites-les cuire, à découvert, à ébullition pendant 10 minutes. Piquez-les avec un petit couteau pour vérifier leur cuisson. Puis égouttez-les, posez-les sur une grille, côté bombé vers le haut et laissez-les refroidir à température ambiante.

③ Préparez la vinaigrette : mélangez vinaigre, sel et poivre, incorporez 3 bonnes cuillerées à soupe d'huile d'olive, acidulez avec le reste de jus de citron. Réservez.

④ Mélangez à la fourchette : la chair de tourteau avec 3 bonnes cuillerées à soupe de mayonnaise, le paprika, 1 cuillerée à soupe de ciboulette ciselée et vérifiez l'assaisonnement. Garnissez copieusement la partie creuse des artichauts de cette préparation.

⑤ Préparez une salade d'herbes : lavez les herbes et le cœur de céleri. Mettez dans un saladier 3 cuillerées à soupe de feuilles de persil plat, 3 de cerfeuil et les petites feuilles du cœur de céleri. Salez et poivrez, assaisonnez de 2 à 3 cuillerées à soupe de vinaigrette, mélangez avec légèreté en aérant la salade. Dressez un lit de salade d'herbes sur le plat de service, disposez les artichauts dessus et servez.

Millefeuilles croustillants d'artichauts

Pour 4 personnes

2 gros artichauts • 1 carotte • 1/4 de boule de céleri • 3 échalotes • 1 cuil. à soupe d'huile d'arachide • 80 g de beurre • 70 g de gésiers de canard confit • 1/2 botte de cerfeuil • 1/2 botte de ciboulette • sel et poivre

1 friteuse • 1 mandoline (coupe-légumes à 2 lames)

① Pelez la carotte, le céleri et les échalotes. Coupez ces légumes en petits dés pour obtenir 70 g de chaque. Versez l'huile dans une cocotte, ajoutez le beurre et faites-le fondre doucement sans coloration. Ajoutez ensuite les échalotes, faites-les suer pendant 2 minutes en mélangeant bien ; puis les dés de céleri, laissez-les suer également 2 minutes et, pour finir, les dés de carotte. Assaisonnez de sel et de poivre, mélangez et laissez mijoter à couvert entre 15 et 20 minutes à feu très doux.

② Préchauffez une friture (à l'huile d'arachide) à 160 °C. Retirez les feuilles des artichauts, conservez-en quelques-unes pour pouvoir tenir les artichauts. En les tenant par les feuilles, coupez les cœurs d'artichauts à la mandoline en fines tranches, 12 environ, jusqu'au foin.

③ Plongez ces fines tranches d'artichauts dans la friture, laissez-les colorer ; elles doivent être blondes comme des chips. Remuez-les pour éviter qu'elles ne collent entre elles. Dès qu'elles sont cuites, sortez-les de la friteuse, égouttez-les sur un papier absorbant et salez-les au sel fin.

④ Coupez les gésiers en petits dés, ajoutez-les dans la cocotte, faites-les chauffer 2 à 3 minutes, puis retirez du feu. Lavez et hachez les herbes. Ajoutez dans la cocotte 1 cuillerée à soupe de ciboulette hachée et 1 de cerfeuil et vérifiez l'assaisonnement. Laissez tiédir cette garniture.

⑤ Montez les millefeuilles d'artichauts : pour chacun, disposez sur l'assiette 1 cuillerée à café de la garniture, puis 1 chips d'artichaut, 1 cuillerée à café de garniture, 1 chips, 1 cuillerée à café de garniture et, pour finir, 1 chips.

Servez ces millefeuilles d'artichauts avec un pigeon rôti, par exemple. Un vrai délice.

Éric Ripert

« Le Bernardin »
(New York, États-Unis)

É ric Ripert est un cuisinier de grand talent qui fut, dans mon restaurant, au *Jamin*, un émérite chef poissonnier. Aujourd'hui, il exerce dans le célèbre restaurant *Le Bernardin*, de Maguy Le Coz, à New York. Dans ce décor classique, à l'élégance presque cartésienne, celui que certains guides américains surnomment « Neptune » peut exprimer son art jusqu'aux limites du raffinement. Il est inégalable pour accommoder tout ce qui vient de la mer. Ensemble nous vous présenterons de merveilleuses sauces à base de moutarde.

La moutarde

• La moutarde, plante dont on tire les graines du même nom, est connue depuis l'Antiquité. On en parle dans la Bible et elle était utilisée en Égypte, en Grèce puis à Rome où les « grains de sénevé », moutarde noire, servaient à relever viandes et poissons. Elle fut introduite en Gaule au IVᵉ siècle et trouva un terrain propice en Bourgogne où la tradition « moutardière » s'est épanouie, comme on le sait. Dijon en est la capitale.

• Il existe trois sortes de graines de moutarde : la blanche, la brune et la noire qui est la plus forte.

• En France, si la moutarde de Dijon est la plus connue, il faut également citer celle de Bordeaux, fabriquée à base de moût de raisin, au goût plus sucré ; la célèbre moutarde de Meaux, à la texture granuleuse ; la moutarde anglaise, mélange de noire et de blanche auxquelles on ajoute du curcuma ; la moutarde américaine, à la saveur sucrée, celle de Brive, confidentielle, et bien d'autres moutardes aromatisées, à l'ail, au piment rouge, voire à l'ancienne.

• La moutarde est indispensable à la cuisine, elle lui donne du caractère, et parfois du talent.

Ma sauce moutarde

Voici une excellente sauce moutarde, très économique, pour escorter et relever des poissons grillés, par exemple.

> 2 cuil. à soupe de moutarde forte • 2 échalotes • 15 cl de vin blanc sec • 30 g de beurre • 30 g de farine • 1/2 l de lait • sel et poivre

• Pelez et hachez finement les échalotes. Mettez-les dans une petite casserole avec le vin blanc sec et 1 pincée de sel. Portez le tout à ébullition, laissez réduire à frémissements pendant 10 minutes environ. Il ne doit rester que la valeur d'1 cuillerée à café environ de liquide.

• Dans une autre casserole, faites fondre le beurre sans coloration, ajoutez la farine, mélangez délicatement avec un fouet pendant 2 minutes sur feu doux. Incorporez ensuite le lait froid, petit à petit en fouettant, et portez le tout à ébullition en remuant pour éviter à la sauce d'attacher à la casserole. Salez et poivrez. Vous obtenez une béchamel fluide.

• Ajoutez cette béchamel à la réduction d'échalote, mélangez, puis incorporez la moutarde forte. Rectifiez l'assaisonnement. Passez cette sauce au chinois et servez-la chaude, c'est excellent !

Vinaigrette à la moutarde verte aux herbes

Pour 4 personnes

> 2 cuil. à soupe de moutarde verte • 3 cl de vinaigre de banyuls • 3 cl de vinaigre de xérès • 10 cl d'huile de pépins de raisin • 5 cl d'huile d'olive extra vierge • 1 échalote • 1 bouquet d'estragon • 1 bouquet de persil plat • 1 bouquet de ciboulette • 1 bouquet de cerfeuil • sel et poivre

① Dans un saladier, versez le vinaigre de banyuls et le vinaigre de xérès, salez, poivrez et mélangez au fouet. Incorporez ensuite 2 bonnes cuillerées à soupe de moutarde, puis l'huile de pépins de raisin et l'huile d'olive et émulsionnez bien.

② Versez cette vinaigrette dans une petite casserole et faites-la tiédir. Pelez et hachez finement l'échalote. Lavez, essorez et hachez les herbes.
③ Incorporez l'échalote hachée, puis 1 cuillerée à café de chaque herbe : estragon, persil, ciboulette et cerfeuil. Rectifiez l'assaisonnement, salez et poivrez. Dressez en saucière et servez cette sauce avec un poisson poché ou cuit à la vapeur.

Mayonnaise à la moutarde au raifort

Pour 4 personnes

3 cuil. à soupe de moutarde au raifort • 2 jaunes d'œufs • 20 cl d'huile de pépins de raisin • 1 bonne cuil. à soupe de crème fraîche épaisse • 1 citron • 1 bottillon d'estragon • sel et poivre

① Pressez le citron. Lavez, essorez et hachez grossièrement l'estragon.

② Dans un saladier, mélangez au fouet les 2 jaunes d'œufs avec 1 pincée de sel, du poivre, et 3 cuillerées à soupe de moutarde au raifort. Incorporez ensuite, en filet, l'huile de pépins de raisin en fouettant pour bien émulsionner la mayonnaise (vous pouvez aussi le faire au batteur). Puis ajoutez la moitié du jus de citron, 1 bonne cuillerée à soupe de crème fraîche épaisse et 2 cuillerées à café d'estragon haché et mélangez.

③ Rectifiez l'assaisonnement, dressez en saucière et servez avec un crustacé, un tourteau, un homard poché, ou même avec une viande pochée, un bœuf bouilli, par exemple.

Sauce à la moutarde violette

Pour 4 personnes

30 g de moutarde violette • 3 échalotes • 10 cl de vinaigre de vin rouge • 50 cl de vin rouge tannique • 100 g de beurre

① Pelez et hachez les échalotes, mettez-les dans une casserole, ajoutez le vinaigre de vin et le vin rouge. Portez à ébullition et laissez réduire presque à sec, jusqu'à ce qu'il reste à peine 1 cuillerée à soupe de liquide en plus des échalotes.

② Incorporez petit à petit, sur feu très doux, le beurre bien froid, coupé en petites parcelles. Puis ajoutez, hors du feu, la moutarde violette.

③ Dressez en saucière et servez avec un poisson, une viande poêlée ou pochée.

La moutarde violette est fabriquée du côté de Brive avec du moût de raisin.

Sauce à la moutarde et au miel

150 g de moutarde forte • 150 g de miel • 20 g de fécule de pomme de terre • 3 cl de sauce soja • 1 citron

① Faites dissoudre la fécule de pomme de terre dans 20 cl d'eau. Incorporez ensuite la sauce soja, puis la moutarde et, pour finir, le miel (mélangez-le rapidement, il se dissoudra à la cuisson).

② Versez cette sauce dans une casserole et faites-la chauffer à petite ébullition tout en fouettant bien pendant 1 à 2 minutes.

③ Pressez le citron, puis, hors du feu, incorporez la moitié du jus à la sauce. Mélangez, dressez en saucière et servez cette sauce à température ambiante avec des aiguillettes de poulet panées, par exemple, c'est délicieux.

Marc Haeberlin

« L'auberge de L'Ill »
(Illhaeusern, Haut-Rhin)

La famille Haeberlin est sûrement l'une des plus célèbres dans l'univers de la gastronomie mondiale. Il faut dire que leur *Auberge de l'Ill*, à Illhaeusern, ressemble à un petit paradis. Pour la table, pour l'accueil et aussi pour le cadre. On y est reçu comme on sait le faire en Alsace, avec chaleur, voire opulence, et la salle à manger, ouverte sur les arbres bordant la rivière, met en condition pour apprécier comme il le faut une carte qui sait magnifiquement valoriser les recettes traditionnelles de la région tout en innovant avec subtilité et justesse. C'est avec Marc, digne et talentueux fils de son père, Paul Haeberlin, auquel il a succédé « aux fourneaux », que nous vous présenterons des recettes de pleurotes.

Les pleurotes

• Le pleurote (et non pas *la* pleurote) est un des champignons les plus économiques – avec le champignon de Paris – quand il est cultivé. Très apprécié en cuisine, il donne aux mets une saveur délicate.

• Il existe deux variétés principales de pleurotes : le pleurote du panicaut, ou
oreille-de-chardon, espèce printanière et automnale, rare et très recherchée pour son goût musqué. On l'utilise surtout frais mais aussi conservé
à l'huile ou séché.

• Le pleurote en coquille (ou en huître), que l'on trouve parfois dans la
nature. Mais il est le plus souvent cultivé et il possède une chair élastique
mais ferme.

• Dans les pleurotes d'élevage, il y a les gris et les
jaunes, ces derniers ayant ma préférence
surtout quand ils sont petits.

▶ Le tour de main de Robuchon

Mon court-bouillon aux pleurotes

Je vous recommande ce court-bouillon de fruits de mer aux pleurotes,
l'un de mes plats préférés.

Pour 1 personne :

40 g de pleurotes jaunes • 2 palourdes • 2 langoustines • 1 noix de Saint-Jacques (facultatif)
• 50 g de beurre • 1/2 blanc de poireau • 1 morceau de gingembre • 25 cl de bouillon de volaille
• 1 bottillon de cerfeuil • poivre

• Beurrez grassement l'intérieur d'un bol. Décortiquez à cru les
palourdes ainsi que les queues de langoustines. Coupez les langoustines en 2 dans la longueur.
• Disposez dans le bol beurré les palourdes ainsi que 2 queues de langoustines. À la saison, vous pouvez ajouter une noix de Saint-Jacques
coupée en 4 ou 5 lamelles.
• Ajoutez une bonne noix de beurre (25 g environ), un tour de moulin à
poivre et réservez au réfrigérateur.
• Préchauffez le four à 240 °C (thermostat 8).
• Lavez et taillez le 1/2 blanc de poireau et le gingembre en fine julienne. Amenez le bouillon de volaille à ébullition, ajoutez-y la julienne de
poireau et la valeur d'1 cuillerée à soupe de julienne de gingembre.
Portez le tout à ébullition, puis ajoutez 40 g de petits pleurotes jaunes,
portez de nouveau à ébullition. Versez le bouillon bouillant dans le bol.
• Mettez dans le four chaud pendant 4 à 5 minutes environ, jusqu'à ce
que le liquide frise l'ébullition. Parsemez de quelques pluches de cerfeuil sur la surface et servez immédiatement.

Crème mousseuse aux pleurotes

Pour 4 personnes

500 g de petits pleurotes nettoyés • 1 échalote •
50 g de beurre • 1 blanc de poireau • 50 g de riz
rond • 1 l de bouillon de volaille • 10 cl de crème
fraîche liquide • 1 petit bouquet de cerfeuil • sel
et poivre

1 mixeur

① Pelez et ciselez finement l'échalote. Faites-la suer pendant 1 minute dans une cocotte, sans coloration, dans 25 g de beurre. Puis ajoutez les pleurotes, salez, poivrez, mélangez et faites cuire à couvert pendant 5 minutes. Après 2 minutes de cuisson, mélangez pour vérifier que cela n'attache pas.

② Au bout de 5 minutes de cuisson, éteignez le feu et prélevez 4 cuillerées à soupe de pleurotes, égouttez-les et réservez-les.

③ Nettoyez et ciselez finement le blanc de poireau. Ajoutez-le dans la cocotte, rallumez le feu et faites-le suer. Ajoutez ensuite le riz rond, non lavé, mélangez puis versez le bouillon de volaille. Portez à ébullition, puis couvrez et laissez mijoter sur feu plus doux pendant 20 à 25 minutes.

④ Après 25 minutes de cuisson, versez le tout dans le mixeur, conservez une louche de bouillon et mixez, ajoutez la dernière louche en fonction de l'onctuosité voulue. Incorporez la crème fraîche liquide et 25 g de beurre bien froid coupé en petits morceaux. Mixez, vérifiez l'assaisonnement, salez et poivrez éventuellement, mélangez.

⑤ Disposez dans le fond de la soupière les 4 cuillerées à soupe de pleurotes, versez la soupe dessus et parsemez quelques pluches de cerfeuil pour la décoration.

Feuilletés d'asperges vertes aux pleurotes

Pour 2 personnes

200 g de petits pleurotes nettoyés • 12 asperges vertes moyennes • 1 échalote • 60 g de beurre • 1/4 l de crème fraîche liquide • 2 feuilletés déjà cuits • 1 petit bouquet de cerfeuil • sel et poivre • gros sel

1 mixeur

① Pelez, lavez et ficelez les asperges en 2 bottes. Plongez-les dans de l'eau bouillante salée au gros sel et faites-les cuire pendant 3 à 4 minutes à ébullition. Piquez-les pour vérifier la cuisson, la pointe d'un couteau doit s'enfoncer facilement ; les asperges doivent rester légèrement fermes. Puis refroidissez-les dans de l'eau glacée et égouttez-les.

② Pelez et ciselez finement l'échalote. Faites-la suer dans une cocotte, sans coloration, dans 30 g de beurre sur feu doux pendant 1 à 2 minutes. Puis ajoutez les pleurotes, salez, poivrez, mélangez et faites cuire à couvert sur feu doux pendant 4 minutes. Au bout de 4 minutes, égouttez les pleurotes, passez le jus de cuisson et versez-le dans une casserole. Ajoutez la crème fraîche dans le jus de cuisson, mélangez et faites réduire de moitié.

③ Préchauffez le four à 140 °C (thermostat 3). Quand la crème a réduit de moitié, éteignez le feu, incorporez 30 g de beurre bien froid coupé en petits dés. Émulsionnez la sauce au batteur, puis rectifiez l'assaisonnement et mélangez. Mettez les pleurotes et les asperges dans la sauce et réchauffez-les sur feu doux.

④ Réchauffez les feuilletés dans le four. Puis coupez-les en 2, au ras de la base. Posez les bases sur le plat, mettez les asperges dessus, laissez dépasser les pointes, disposez les pleurotes et, pour terminer, les feuilletés légèrement décalés dessus. Décorez avec quelques pluches de cerfeuil tout autour et servez en entrée.

Quiche de pleurotes aux épinards

Pour 4 personnes

300 g de pleurotes nettoyés • 100 g de petites feuilles d'épinards • 1 fond de tarte en pâte brisée (environ 300 g) • 1 échalote • 20 g de beurre • 4 œufs • 30 cl de crème fraîche liquide • noix de muscade • sel et poivre

① Préchauffez le four à 180-200 °C (thermostat 5-6).

② Foncez un moule à tarte de pâte brisée, recouvrez toute la surface d'une feuille d'aluminium, garnissez-la de poids, de haricots secs, de riz, voire de cailloux bien lavés afin d'empêcher la pâte de monter à la cuisson. Glissez au four pendant 20 minutes.

③ Lavez soigneusement les épinards. Pelez et ciselez finement l'échalote. Faites-la suer dans une cocotte, sans coloration, dans 20 g de beurre sur feu doux pendant 1 à 2 minutes. Ajoutez ensuite les pleurotes, salez-les et poivrez-les. Faites-les cuire pendant 3 minutes à couvert. Puis ajoutez les feuilles d'épinards et continuez la cuisson à couvert pendant 1 minute. Remuez pour que cela n'attache pas. La cuisson terminée, égouttez le tout dans une passoire.

④ Préparez l'appareil à quiche : battez les œufs dans un saladier, ajoutez la crème fraîche, 2 pincées de sel et de poivre, 1 pincée de noix de muscade et mélangez bien.

⑤ Quand la tarte est précuite, retirez les poids et la feuille d'aluminium. Répartissez les pleurotes et les épinards dedans, puis versez l'appareil délicatement dessus. Glissez la quiche au four pendant 20 minutes. Servez cette quiche bien chaude.

Salade de pleurotes
aux foies de volaille et mâche

Pour 4 personnes

300 g de pleurotes nettoyés • 4 foies blonds de
volaille • 1 cuil. à soupe d'huile d'arachide • 40 g
de beurre • 2 échalotes • 4 cuil. à soupe de
vinaigre balsamique • 10 cl d'huile de noisette •
100 g de salade frisée • 50 g de mâche • 1 petite
botte de ciboulette • sel et poivre

① Retirez le fiel des foies de volaille. Faites chauffer dans une poêle 1 cuillerée à soupe d'huile d'arachide avec 10 à 20 g de beurre, puis faites-y saisir les foies sur feu pas trop fort pour ne pas les dessécher, sans trop les faire cuire, juste 1 à 2 minutes de chaque côté ; ils doivent être légèrement rosés. Assaisonnez-les après les avoir retournés, puis débarrassez-les sur une grille et assaisonnez l'autre face. Maintenez-les au chaud.

② Pelez et ciselez finement les échalotes. Mettez-en 1 dans une cocotte et faites-la suer sans coloration dans 20 g de beurre sur feu doux pendant 1 à 2 minutes. Ajoutez les pleurotes, salez, poivrez, mélangez et faites cuire à couvert sur feu doux pendant 3 à 4 minutes. Puis égouttez les pleurotes et passez le jus de cuisson dans une passoire.

③ Versez le jus de cuisson des pleurotes encore tiède dans un saladier, ajoutez la seconde échalote finement ciselée, le vinaigre balsamique, l'huile de noisette, salez et poivrez.

④ Lavez, égouttez et essorez les salades et la ciboulette. Assaisonnez les salades de 4 cuillerées à soupe environ de vinaigrette et mélangez bien.

⑤ Dressez la salade en dôme au centre d'un plat, disposez les pleurotes tièdes tout autour en couronne et les foies de volaille sur les champignons. Assaisonnez les foies de volaille et les pleurotes de vinaigrette, parsemez le tout de ciboulette ciselée et servez aussitôt.

Table

Produits et tours de main de Joël Robuchon

Recettes des chefs invités

Index

Adresses des restaurants

Relais de la Poste
40140 Magescq
Tél. : 05 58 47 70 25

Les Pyrénées
19, place du Général-de-Gaulle
64220 Saint-Jean-Pied-de-Port
Tél. : 05 59 37 01 01

Sheraton Jerusalem Plaza
47, King George Street
P.O. Box 7686
91076 Jérusalem (Israël)
Tél. : (00 972) 2 6298 678

Laurent
41, avenue Gabriel
75008 Paris
Tél. : 01 42 25 00 39

Plaza-Athénée
25, avenue Montaigne
75008 Paris
Tél. : 01 53 67 66 65

La Réserve de Beaulieu
5, boulevard du Général-Leclerc
06310 Beaulieu-sur-Mer
Tél. : 04 93 01 00 01

Taillevent
15, rue Lamennais
75008 Paris
Tél. : 01 44 95 15 01

Bistro 110
110 East Person
Chicago IL, 60611 (États-Unis)
Tél. : (00 1) 312 266 3110

Le Magister
5, rue Nationale
30000 Nîmes
Tél. : 04 66 76 11 00

Léon de Lyon
1, rue Pleney
69001 Lyon
Tél. : 04 72 10 11 12

Maison Prunier
16, avenue Victor-Hugo
75016 Paris
Tél. : 01 44 17 35 85

Le Jardin des Cygnes
Hôtel Prince de Galles
33, avenue George-V
75008 Paris
Tél. : 01 53 23 78 50

Topo Gigio
Avenida Mediterraneo, 8
Edificio Marianne
Benidorm, Alicante (Espagne)
Tél. : (00 34) 965 85 71 68

I Fratelli
Edificio Principado Arena
Frente Iglesia del Carmen
Benidorm, Alicante (Espagne)
Tél. : (00 34) 965 85 39 79

Jean-Paul Hévin
16, avenue de la Motte-Picquet
75007 Paris
Tél. : 01 45 51 77 48

Le Pré Catelan
Bois de Boulogne
75016 Route de Suresnes
Tél. : 01 44 14 41 14

École Lenôtre
40, rue Pierre-Curie
78375 Plaisir
Tél. : 01 30 81 46 34

Mansouria
11, rue Faidherbe
75011 Paris
Tél. : 01 43 71 00 16

Meurice
Hôtel Meurice
228, rue de Rivoli
75001 Paris
Tél. : 01 44 58 10 50

Les Gorges de Pennafort
Pennafort
Route du Muy, D25
83830 Callas
Tél. : 04 94 76 66 51

La Dinée
85, rue Leblanc
75015 Paris
Tél. : 01 45 54 20 49

Lenôtre
44, rue d'Auteuil
75016 Paris
Tél. : 01 45 24 52 52

The Connaught
Carlos Place, Mayfair
Londres, W1Y 6AL
(Grande-Bretagne)
Tél. : (00 44) 171 499 70 70

Café Royal
Hôtel Royal
Domaine du Royal Club Évian
74500 Évian-les-Bains
Tél. : 04 50 26 85 00

Taillevent-Robuchon
1-13-1 Mita, Meguro-Ku
Tokyo 153 (Japon)
Tél. : (00 81) 354 24 13 43

Le Tastevin
9, avenue Eglé
78600 Maisons-Laffitte
Tél. : 01 39 62 11 67

Restaurant Gill
9, quai de la Bourse
76000 Rouen
Tél. : 02 35 71 16 14

El Bulli
Cala Montjoi
17480 Rosas, Gerona (Espagne)
Tél. : (00 34) 72 25 76 51

Le Stresa
7, rue Chambiges
75008 Paris
Tél. : 01 47 23 51 62

Spiaggia
One Magnificent Mile
980 North Michigan Avenue
Chicago IL, 60611 (États-Unis)
Tél. : (00 1) 312 280 2750

Le Violon d'Ingres
135, rue Saint-Dominique
75007 Paris
Tél. : 01 45 55 15 05

Le Beauvilliers
52, rue Lamarck
75018 Paris
Tél. : 01 42 54 54 42

Buerehiesel
4, parc de l'Orangerie
67000 Strasbourg
Tél. : 03 88 45 56 65

Le Clovis
Hôtel Sofitel Paris-Arc-de-Triomphe
14, avenue Beaujon
75008 Paris
Tél. : 01 53 89 50 53

Le Bernardin
155 West 51st Street
New York NY, 10019 (États-Unis)
Tél. : (00 1) 212 489 1515

L'Auberge de l'Ill
2, rue de Collonges
68970 Illhaeusern
Tél. : 03 89 71 89 00

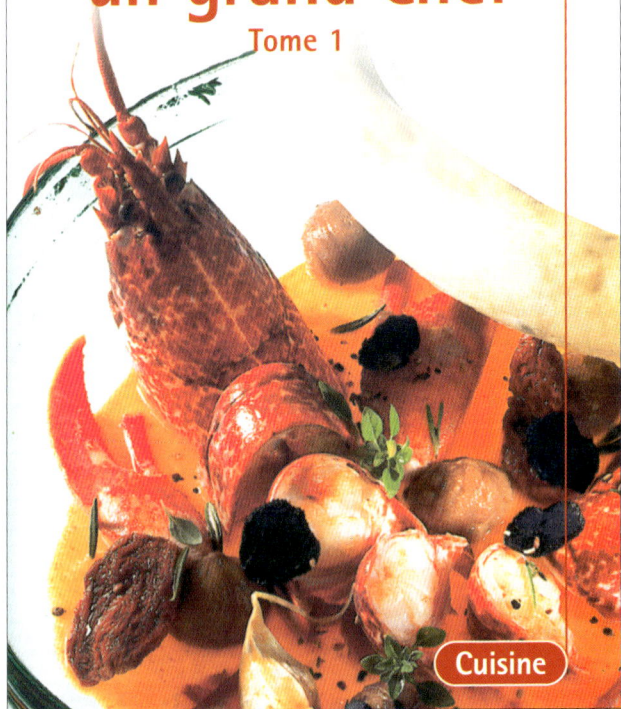

Joël Robuchon

présente

Cuisinez comme un grand chef

Tome 1

Cuisine

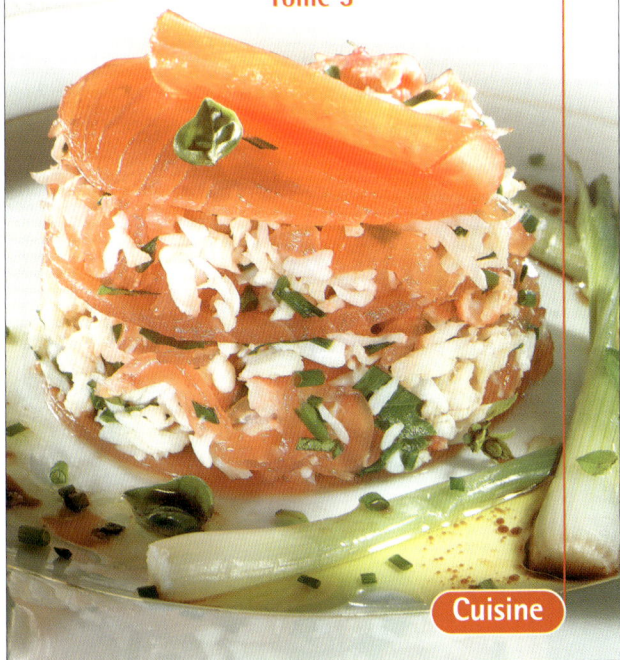

Le Livre de Poche

Joël Robuchon
présente

Cuisinez comme un grand chef

Tome 3

Cuisine

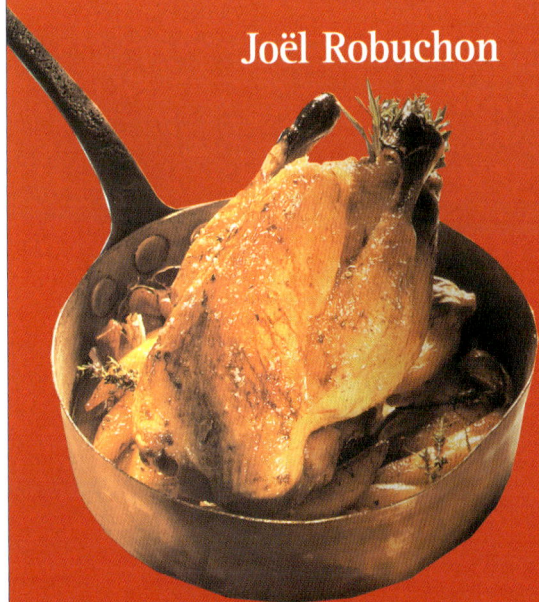

Le Livre de Poche

Le Meilleur et le plus simple de la France

Joël Robuchon

130 recettes
présentées par Christian Millau

Cuisine

Le Meilleur et le plus simple de Robuchon

Joël Robuchon

130 recettes
présentées par Patricia Wells

Cuisine

Crédits photographiques

Photos recettes et produits :
Dominique Azambre, Frédéric Arnaud/Option Photo

Stylisme culinaire :
Éric Trochon/Option Photo

Shopping
Avec l'aimable collaboration des porcelaines Bernardaud

Photos portraits
Gérard Bedeau

Adaptation graphique et réalisation
Heike Börner
Achevé d'imprimer
en Espagne par Mateu Cromo
Dépôt légal Éditeur : 66026-12/2005
Édition 3
Librairie Générale Française - 31, rue de Fleurus
75278 Paris cedex 6
ISBN : 2-253-16571-9

31/6571/9